한국사도 독해가 먼저다

2권 통일 신라와 발해

〈한국사도 독해가 먼저다〉가 특별한 이유

왜 〈한국사〉도 독해를 공부해야 할까요?

한국사는 외워야 할 게 많은 암기 과목이라고 이야기해요.
하지만 역사를 쉽게, 제대로, 재미있게 공부하기 위해서는
중요한 역사 개념과 어휘를 먼저 익힌 다음 독해하는 연습이 필요해요.

국어 과목만 독해 연습을 해야 하는 게 아니에요.
낯선 개념과 알아야 할 어휘가 많은 한국사 공부에도 독해 연습이 꼭 필요해요.

<한국사도 독해가 먼저다>의 단계적인 독해 연습으로
어려운 한국사가 재미있어져요!

교과서가 쉬워진다

1권	2권	3권	4권	5권	6권
고조선 ~ 삼국	통일 신라와 발해	고려	조선 전기	조선 후기	근현대

중학 한국사 6개 단원 구분 그대로
1개 단원을 1권으로 풀어서 제대로 독해해요.

초등 교과서의 빠진 부분은 채우고
중학 교과서의 어려운 용어는 풀어서
교과서를 **쉽게** 공부할 수 있어요!

왜 〈한국사〉는 흐름을 알아야 할까요?

역사는 옛날 사람들이 살았던 이야기예요. 이야기가 꼬리에 꼬리를 물고 이어지지요.
역사적 사건에는 배경이나 원인이 있고, 그에 따라 새로운 사건과 장면이 펼쳐져요.
그렇기 때문에 역사는 흐름을 파악하는 것이 중요해요.

한국사는 암기 과목이 아니에요.
이야기의 흐름을 잡으면 꼬리에 꼬리를 물고 이야기가 기억된답니다.

<한국사도 독해가 먼저다>의 쉬운 그림과 설명으로
복잡한 한국사의 흐름을 선명하게 기억해요!

흐름이 잡힌다

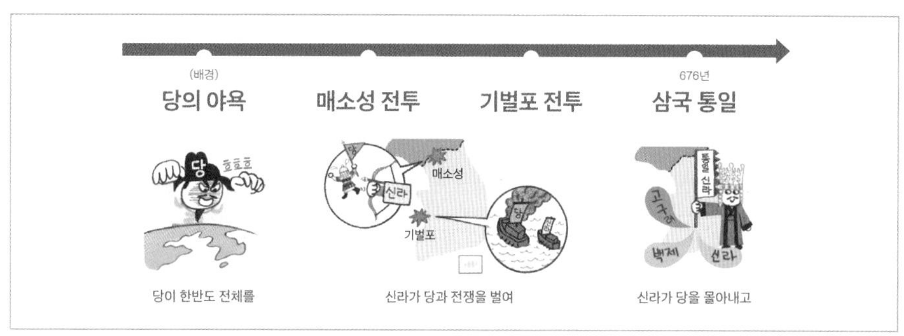

사건과 사건은 연결하고
한눈에 들어오는 그림으로 역사 개념을 잡아
한국사를 **간단하게** 익힐 수 있어요!

구성과 특징

그림으로 만나는 **개념** | 문장으로 다지는 **어휘** → 글과 그림을 함께 읽는 **독해**

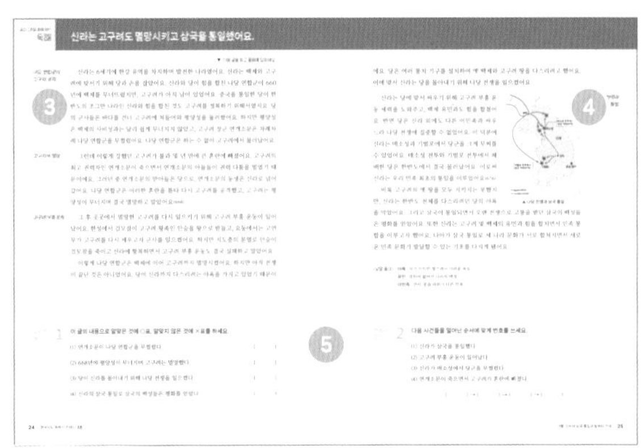

1 그림으로 개념을 잡아요.

- 핵심 개념을 한눈에 파악하고 그림 덩어리로 기억할 수 있어요.

2 한 문장으로 개념을 정리해요.

- 개념 어휘의 뜻을 익히고 문장에 개념 어휘를 넣어 확실하게 이해할 수 있어요.
- 핵심 개념을 한 문장으로 명확하게 정리하여 이해할 수 있어요.

3 핵심 개념을 확인하며 글을 읽어요.

- 문단 요약어로 지문에서 다루는 핵심 개념을 미리 확인할 수 있어요.
- 교과서 여러 쪽에 흩어져 있는 내용을 한 편의 지문에 짜임새 있게 담아, 핵심 개념을 분명하게 이해하고 글의 구조를 파악하여 효과적으로 글을 읽을 수 있어요.

4 지도와 사진 자료를 글과 함께 보아요.

- 글을 읽으며 역사의 시간적 흐름을 파악하고, 글과 더불어 지도와 사진 자료를 보며 공간적 맥락을 파악할 수 있어요.
- 역사적 사실을 씨실과 날실처럼 짜 맞추어 입체적으로 기억할 수 있어요.

5 바탕 독해력을 키워요.

- **바르게 읽기**: 주어진 지문을 바르게 읽으며 내용을 정확하게 파악하는 '사실적 이해' 능력을 키울 수 있어요.
- **연결하여 읽기**: 사건이 일어난 순서를 연결하거나 인물과 사건을 연결하며 역사 독해에 꼭 필요한 유기적 관계 파악 능력을 키울 수 있어요.

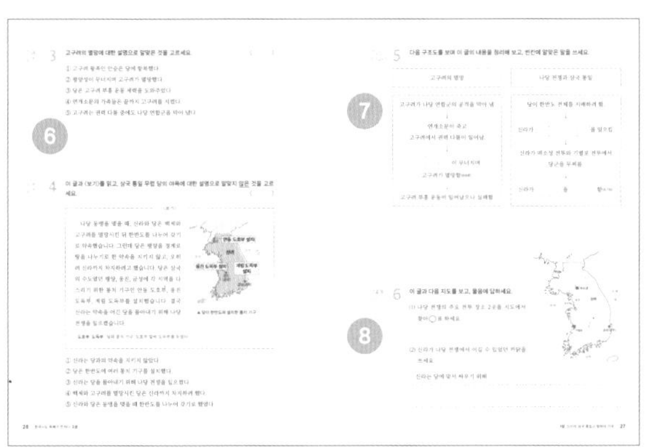

6 심화 독해력을 키워요.

‣ **자세히 읽기**: 지문 내용을 자세히 파고들어 읽으며 글의 세부 내용을 구체적으로 파악하는 '분석적 이해' 능력을 키울 수 있어요.

‣ **깊이 읽기**: 지문을 <보기> 글과 연결해서 읽으며 주어진 정보를 근거로 삼아 판단을 이끌어 내는 '추론적 이해' 능력을 키울 수 있어요.

7 구조도로 요약해요.

‣ **구조도 정리하기**(단답형): 지문을 구조화한 도표 안에 알맞은 어휘를 채우면서 글의 내용을 짜임새 있게 정리할 수 있어요.

8 서술형 쓰기까지 익혀요.

‣ **백지도에 표시하기**(활동형, 단답형): 학습 내용과 관련된 지문 속 역사 지도 정보를 떠올려 백지도 위에 표시하면서 중요한 내용을 또렷하게 기억할 수 있어요.

‣ **서술형 쓰기**(힌트형 서술 문제): 출제 의도에 맞게 학습한 내용을 풀어 쓰면서 지식을 논리적으로 서술하는 능력을 키우고 학습 내용을 자기 것으로 만들 수 있어요. 문장 일부를 길잡이로 제시해 두어 서술형 쓰기에 쉽게 접근할 수 있어요.

모아서 되새기는 **개념 정리**

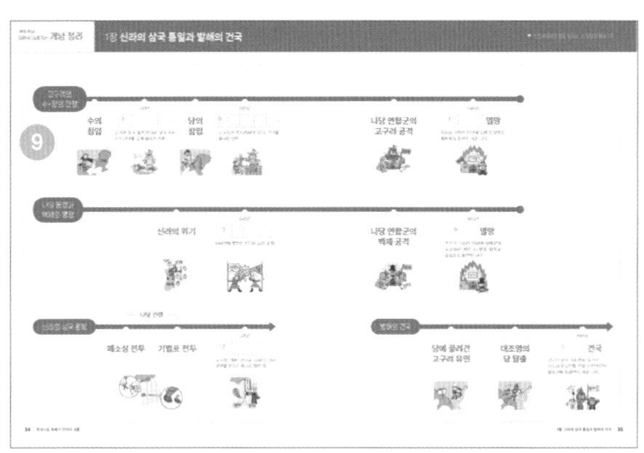

9 개념을 모아서 정리해요.

‣ **개념 용어 쓰기**(단답형): 각장에서 공부한 개념을 연표처럼 한데 모아 보면서 나누어져 있어서 헷갈리기 쉬운 역사 흐름을 직관적으로 기억하고 중요 개념을 되새길 수 있어요.

쓰면서 완성하는 **탐구 독해**

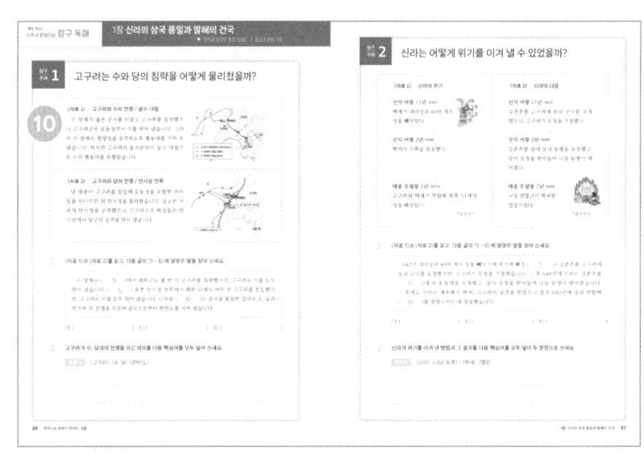

10 탐구형 문제로 심화 독해력과 서술형 실력을 키워요.

‣ **탐구형 독해**: 각 장에서 중요한 탐구 주제를 살피고 이와 관련된 사료를 바탕으로 독해를 하며 깊이와 밀도가 더해진 심화 독해력을 키울 수 있어요.

‣ **서술형 쓰기**(핵심어 제시형 서술 문제): 주어진 핵심어나 문장 형식에 따라 서술하는 문제를 통해 '힌트형 서술 문제'보다 한 단계 높아진 쓰기 유형으로 서술형 쓰기에 대한 자신감을 키울 수 있어요.

차례

한국사도 독해가 먼저다
2권 / 통일 신라와 발해

학습 계획

구분	일차	공부한 날	스스로 평가	다시 공부
DAY 01	1장 / 01	월 일		
DAY 02	1장 / 02	월 일		
DAY 03	1장 / 03	월 일		
DAY 04	1장 / 04	월 일		
DAY 05	확인 학습	월 일		
DAY 06	2장 / 01	월 일		
DAY 07	2장 / 02	월 일		
DAY 08	2장 / 03	월 일		
DAY 09	2장 / 04	월 일		
DAY 10	확인 학습	월 일		
DAY 11	3장 / 01	월 일		
DAY 12	3장 / 02	월 일		
DAY 13	3장 / 03	월 일		
DAY 14	확인 학습	월 일		

1장

신라의 삼국 통일과 발해의 건국

01 고구려가 수와 당의 침략을 물리쳤어요.

02 (한편) 신라는 당과 연합해 백제를 멸망시켰어요.

03 (이어서) 신라는 고구려도 멸망시키고 삼국을 통일했어요.

04 (이후) 고구려를 계승한 발해가 세워졌어요.

01. 고구려가 수와 당의 침략을 물리쳤어요.

정답과 해설 1쪽

그림으로 만나는
개념

고구려와 수의 전쟁

(배경)
고구려와 수의 대립

수가 중국을 통일한 후
고구려와 힘을 겨룸

수의 침입

수가 많은 군사를 이끌고
쳐들어옴

612년
살수 대첩

을지문덕이 살수에서
수의 군사를 크게 물리침

문장으로 다지는
어휘

수
오랜 기간 동안 나뉘어 있던 중국을 589년에 다시 통일한 나라.

고구려
주몽이 기원전 37년에 압록강 유역의 졸본에 도읍하여 세운 나라.

을지문덕
살수 대첩으로 수를 물리친 고구려의 장군.

살수 대첩 (- 클대 이길첩)
고구려 장군 을지문덕이 살수에서 수의 군사를 크게 물리친 전투. 살수는 지금의 청천강임.

6세기 말에 중국을 통일한 [ ]가 고구려를 힘으로 내리누르려 했어요.

수와 [ ][ ][ ]는 서로 팽팽한 힘겨루기를 했어요.

그러던 중 **수**가 많은 군사를 이끌고 고구려를 침입했어요.

이에 맞서 고구려 장수 **을지문덕**이 [ ][ ] [ ][ ]으로 수의 군대를 무찔렀어요.

삼국이 다투는 사이에
중국의 통일 국가인 수와 당이 고구려로 쳐들어왔어요.
하지만 고구려는 강력한 수, 당의 침략을 모두 물리쳤어요.

고구려와 당의 전쟁

천리장성 축조

당의 침입에 대비함

연개소문의 정변

연개소문이 권력을 잡음

당의 침입

정변을 구실로 당이 고구려를 쳐들어옴

645년 안시성 전투

당의 군사를 물리침

당
수를 이어 618년에 중국을 통일한 나라.

천리장성
(일천**천** 리**리** 길**장** 성**성**)
당의 침입에 대비하기 위해 고구려가 약 1,000리에 걸쳐 국경 지역에 쌓은 성.

연개소문
고구려 말기의 최고 권력자.

정변
(정치**정** 변할**변**)
무력 등의 수단으로 일어나는 정치상의 큰 변동.

안시성 전투
고구려가 안시성에서 당의 군사를 물리친 전투. 안시성은 요동 지역에 있는 산성이었음.

수를 이은 [ ]의 침입에 대비하고자 고구려는 [ ][ ][ ][ ]을 쌓았어요.

그러던 중 [ ][ ][ ][ ]이 **정변**을 일으켜 권력을 잡았어요.

이를 구실로 **당**이 군사를 이끌고 고구려를 침입했어요.

이에 맞서 고구려군과 백성은 [ ][ ][ ] [ ][ ]에서 승리해 당을 막아 냈어요.

고구려가 수와 당의 침략을 물리쳤어요.

▼ 다음 글을 읽고 물음에 답하세요.

고구려와 수의 대립

고구려, 백제, 신라 세 나라가 한반도를 지배하던 삼국 시대에 고구려는 가장 넓은 영토를 다스리며 힘을 떨쳤어요. 한편 6세기 말, 나뉘어 있던 중국을 수가 통일했어요. 수는 점점 세력을 넓히며 고구려와 팽팽한 힘겨루기를 했어요.

고구려 - 수 전쟁

그러던 중 수가 고구려에게 복종할 것을 요구하자, 고구려의 영양왕은 먼저 수를 공격했어요. 그러자 수의 황제인 문제가 많은 군사를 이끌고 복수에 나섰어요. 하지만 수의 군대는 긴 장마와 전염병으로 피해를 입고 물러나게 됐어요. 다음으로 수의 황제가 된 양제는 더 많은 군사를 이끌고 고구려를 다시 침략했어요. 하지만 고구려군은 요동성에서 거세게 저항하며 수를 막아 냈어요. 수 양제는 요동성을 뚫지 못하자 고구려의 도읍인 평양성을 곧장 공격하도록 계획을 바꿨어요. 그래서 별동대*를 꾸려 평양성으로 보냈어요. 하지만 고구려의 장군 을지문덕이 이들을 꾀어 내 살수에서 크게 무찔렀어요. 이 전투를 살수 대첩이라고 불러요(612). 그 뒤에도 수 양제는 몇 번 더 고구려를 침략했지만, 고구려는 이를 모두 막아 냈어요. 수는 계속해서 무리하게 전쟁을 벌이다가 힘이 약해지고 반란까지 일어나면서 결국 멸망했어요.

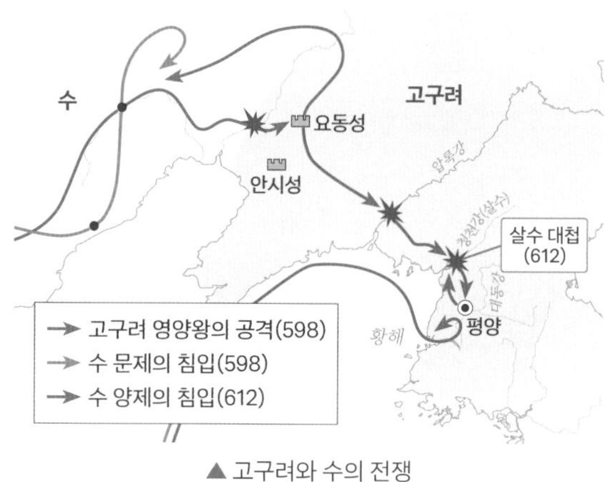

▲ 고구려와 수의 전쟁

바르게 읽기 **1** **이 글의 내용으로 알맞은 것에 ○표, 알맞지 않은 것에 ×표를 하세요.**

(1) 고구려의 영양왕은 먼저 수를 공격했다. ( )

(2) 을지문덕은 살수에서 수의 별동대를 무찔렀다. ( )

(3) 고구려는 천리장성을 쌓아 당의 침입에 대비했다. ( )

(4) 당은 안시성 전투에서 패한 뒤 더 이상 고구려를 침입하지 않았다. ( )

수의 뒤를 이어 세워진 당은 처음에는 고구려에 우호적인 태도를 보였어요. 그러나 새로 황제가 된 당 태종이 주변을 정복하며 고구려를 압박했어요. 이에 고구려는 국경 지역에 천리장성을 쌓아 당의 침입에 대비했지요. 그런데 이 무렵 고구려에서는 귀족 연개소문이 정변을 일으켜 영류왕*과 다른 귀족들을 죽이고 권력을 잡은 사건이 벌어졌어요.

고구려의 상황

마침 고구려를 침입할 기회를 노리고 있던 당 태종은 영류왕을 죽인 연개소문을 벌한다는 구실로 고구려를 침입했어요. 당군은 요동성을 포함해 여러 성을 무너뜨리고 요동에 있던 험한 산성인 안시성을 둘러쌌어요. 당군은 거세게 안시성을 공격했으나, 고구려군과 백성들은 안시성에서 뛰어난 방어 전술*을 펼치며 끈질기게 맞서 당의 공격을 막아 냈어요(645). 결국 당은 안시성 전투에서 패하고 고구려에서 물러났어요. 그 뒤에도 당 태종은 여러 번 고구려를 침입했지만, 고구려는 이를 모두 막아 냈어요.

고구려 - 당 전쟁

이처럼 고구려는 중국을 통일한 강대국 수, 당과 연거푸 큰 전쟁을 치르며 중국으로부터 한반도를 지켜 냈어요. 하지만 계속된 전쟁으로 고구려의 힘은 조금씩 약해졌어요.

〈낱말 풀이〉 **별동대** 특별한 작전을 위하여 따로 행동하는 부대.
영류왕 고구려의 27대 왕. 수와의 전쟁에서 공을 세우고 25년간 큰 전쟁 없이 나라를 다스렸으나 연개소문에 의해 시해됨.
방어 전술 상대편의 공격을 막는 기술이나 방법.

연결하여 읽기 **2** **다음 사건들을 일어난 순서에 맞게 번호를 쓰세요.**

(1) 수의 문제가 고구려를 침략했다.
(2) 고구려가 안시성 전투에서 당을 물리쳤다.
(3) 을지문덕이 살수 대첩으로 수를 물리쳤다.
(4) 연개소문이 정변을 일으켜 왕을 죽이고 권력을 잡았다.

(　　　) → (　　　) → (　　　) → (　　　)

자세히 읽기

3 이 글의 내용에 대한 설명으로 알맞은 것을 고르세요. ( )

① 수는 고구려의 요동성을 무너뜨렸다.

② 고구려가 살수 대첩으로 당을 물리쳤다.

③ 수는 연개소문의 정변을 구실로 고구려를 침입했다.

④ 고구려는 수의 공격에 대비하려고 천리장성을 쌓았다.

⑤ 수는 무리하게 전쟁을 벌이다 반란이 일어나며 멸망했다.

깊이 읽기

4 이 글과 〈보기〉를 읽고, 고구려가 적의 공격을 막아 낼 수 있었던 방법으로 알맞지 않은 것을 고르세요. ( )

〈보기〉

고구려의 산성과 방어 전술

높은 산이 많았던 고구려는 험한 지형을 이용해 산성을 쌓았습니다. 그리고 성에 치와 옹성을 만들었습니다. 치는 성벽 밖으로 튀어나와 있어서, 적을 앞면과 옆면에서 공격할 수 있게 지은 시설입니다. 옹성은 이중 성벽으로 성문을 지키는 역할을 했습니다.

▲ 고구려의 산성 구조

이러한 산성에 더해 고구려는 청야 수성 전술을 활용했습니다. 이는 전쟁이 일어나면 성 바깥의 식량을 태워 적이 사용하지 못하게 하고 사람들은 성안에 모두 들어가 방어하는 전술입니다. 이런 산성과 방어 전술을 활용해 고구려는 전쟁이 오래가도 버틸 수 있었고, 안시성 전투에서도 승리할 수 있었습니다.

① 고구려는 치를 만들어 적을 공격했다.

② 고구려는 옹성을 만들어 성문을 지켰다.

③ 고구려는 험한 지형을 이용해 산성을 쌓았다.

④ 고구려는 험한 산성인 안시성에서 수의 군대를 물리쳤다.

⑤ 고구려는 산성과 방어 전술로 전쟁이 오래가도 버틸 수 있었다.

구조로 정리하기

5 다음 구조도를 보며 이 글의 내용을 정리해 보고, 빈칸에 알맞은 말을 쓰세요.

고구려와 수의 전쟁	고구려와 당의 전쟁
고구려와 수가 대립함. ↓ [ ] 양제가 많은 군사를 이끌고 쳐들어옴. ↓ 을지문덕이 [ ][ ] [ ][ ]으로 수의 군사를 물리침(612).	고구려가 천리장성을 쌓아 당 침입에 대비함. ↓ 연개소문이 정변을 일으켜 권력을 잡음. ↓ 당이 정변을 구실로 고구려에 쳐들어옴. ↓ [ ][ ][ ] 전투의 승리로 고구려가 당을 물리침(645).

서술형 쓰기

6 이 글과 다음 자료를 보고, 물음에 답하세요.

고구려의 장군 을지문덕이 (㉠)에서 승리하며 수의 군사를 물리쳤습니다. 수 양제는 몇 번 더 고구려를 침략했지만, 고구려는 이를 모두 막아 냈습니다.

살수

당은 (㉡)에서 패하고 고구려에서 물러났습니다. 당 태종은 (㉡)에서 패한 뒤에도 여러 번 고구려를 침입했지만, 고구려는 이를 모두 막아 냈습니다.

당 안시성

(1) ㉠과 ㉡에 들어갈 전투를 쓰세요.

㉠ ____________________ ㉡ ____________________

(2) 고구려가 수, 당과의 전쟁에서 이긴 것의 의의를 쓰세요.

고구려는 ____

____ 지켜 냈습니다.

02. 한편 신라는 당과 연합해 백제를 멸망시켰어요.

정답과 해설 2쪽

그림으로 만나는
개념

신라와 당의 연합

김춘추의 외교

(배경)
신라의 위기

백제의 공격으로 대야성 등을 빼앗김

고구려에 군사 요청

김춘추 보장왕

고구려가 신라의 요청을 거절함

당에 동맹 요청

김춘추 당 태종

당이 신라의 요청을 받아들임

648년
나당 동맹

신라와 당이 힘을 합침

문장으로 다지는
어휘

백제
온조가 기원전 18년에 위례성에 도읍하여 세운 뒤 한강 유역을 중심으로 발전한 나라.

김춘추
외교 능력이 뛰어났던 신라의 진골 귀족. 후에 신라 29대 왕인 태종 무열왕이 됨.

당
수를 이어 618년에 중국을 통일한 나라. 고구려 정벌에 실패함.

나당 동맹
(- 무리**동** 약속**맹**)
648년에 맺어진 신라와 당의 동맹(둘 이상의 나라가 힘을 합치기로 하는 것).

7세기 무렵 신라와 백제의 대립이 심해졌고, 신라는 [ ][ ]의 공격을 받아 위기에 빠졌어요.

이에 신라는 [ ][ ][ ]를 고구려에 보내 군사를 요청했지만, 고구려가 거절했어요.

그 뒤 김춘추가 [ ]으로 가 동맹을 요청했고, 당이 이를 받아들였어요.

그 결과 신라와 당이 손잡고 [ ][ ] [ ][ ]을 맺었어요.

고구려가 수, 당과 싸우는 동안
신라는 백제의 공격으로 위기에 처했지만
당과 연합하여 결국 백제를 멸망시켰어요.

백제의 멸망

나당 연합군의 백제 공격	황산벌 전투	660년 백제 멸망	백제 부흥 운동

백제가 혼란한 틈을 타 나당 연합군이 쳐들어옴	백제가 황산벌에서 신라군에 패함	의자왕이 항복하며 백제가 멸망함	백제를 다시 일으키려 했지만 실패함

나당 연합군
삼국 통일을 위해 전쟁을 벌이던 때 신라와 당이 힘을 합친 군대.

황산벌 전투
황산벌에서 백제와 신라가 벌인 전투. 황산벌은 사비성으로 가는 길목이며 지금의 논산시 부근임.

의자왕
백제의 마지막 왕. 신라를 공격해 많은 성을 빼앗았으나, 결국 나당 연합군에 항복함.

백제 부흥 운동
(- 다시**부** 일으킬**흥** -)
백제 멸망 이후, 백제를 다시 일으키고자 일어난 움직임.

□□ □□□은 백제가 지배층의 분열로 혼란해진 틈을 타 백제를 공격했어요.

백제는 □□□ □□에서 신라군에게 패했어요.

결국 백제의 □□□이 항복하며 **백제**는 **멸망**했어요.

그 뒤 □□ □□ 운동이 일어났지만 실패하고 말았어요.

신라는 당과 연합해 백제를 멸망시켰어요.

▼ 다음 글을 읽고 물음에 답하세요.

신라의 위기

삼국 시대에 고구려, 백제, 신라 세 나라는 한반도의 주도권을 차지하기 위해 오랫동안 다투었어요. 7세기 무렵, 고구려가 수와 당의 침략을 막아 내는 동안, 신라는 백제와 싸우고 있었어요. 백제는 신라를 거듭 공격해 신라로부터 대야성을 비롯한 40여 개의 성을 빼앗았어요. 대야성은 신라의 도읍인 금성으로 가는 길목에 있던 성이었지요. 이로 인해 신라는 도읍까지 위험해졌어요.

나당 동맹

위기에 빠진 신라는 왕족인 김춘추를 고구려로 보내 도움을 요청했어요. 김춘추는 고구려에 군사를 부탁했지만, 고구려의 보장왕은 신라에게 한강 유역의 땅을 돌려 달라는 요구를 하며 거절했어요. 그 뒤 고구려까지 함께 신라를 공격하면서 신라는 더욱 위험한 상황에 놓였어요. 그러던 중 당이 거듭 고구려 침략에 실패하자, 김춘추는 당으로 건너갔어요. 김춘추는 당에게 백제와 고구려를 함께 공격하자며 동맹을 요청했고, 고구려를 정벌하고 싶었던 당 태종*이 이를 받아들이며 나당 동맹이 맺어졌어요(648). 당 태종은 백제와 고구려를 멸망시킨 후에 한반도를 신라와 나누기로 했어요. 그래서 신라에 평양 남쪽의 땅을 주기로 약속했지요.

백제의 멸망

한편, 백제의 의자왕은 바깥으로 계속 신라를 공격하면서 안으로는 왕권을 강화하려고 했어요. 하지만 귀족들이 반발하며 백제는 혼란에 빠졌어요. 이런 혼란한 틈을 타 나당 연합군이 백제에 쳐들어왔어요. 당군은 바다를 건너 서쪽에서 백제를 공격했고, 신라군은 동쪽에서 백제를 공격했어요. 의자왕은 계백* 장군에게 5천 명의 군사를 맡기며 황산벌에서 김유신이 이끄는 5만 명의 신라군을 막게 했어요. 계백이 이끄는 백제군은 죽을힘을 다해 맞서 싸웠지만, 결국 패하고 말았어요.

바르게 읽기

1 **이 글의 내용으로 알맞은 것에 ○표, 알맞지 않은 것에 ×표를 하세요.**

(1) 백제는 신라의 40여 개 성을 빼앗았다. ( )

(2) 고구려 침략에 실패한 당이 신라에 먼저 동맹을 맺자고 했다. ( )

(3) 백제의 계백은 황산벌에서 김유신이 이끄는 신라군을 물리쳤다. ( )

(4) 백제가 멸망한 뒤 여러 곳에서 백제 부흥 운동이 일어났으나 실패했다. ( )

황산벌 전투에서 이긴 신라군은 당군과 함께 백제의 도읍인 사비성을 둘러쌌어요. 의자왕은 적을 방어하기에 유리한 웅진성*으로 피신하여 싸우려 했어요. 하지만 내분이 일어나 의자왕이 항복하면서 백제는 결국 멸망하고 말았어요(660).

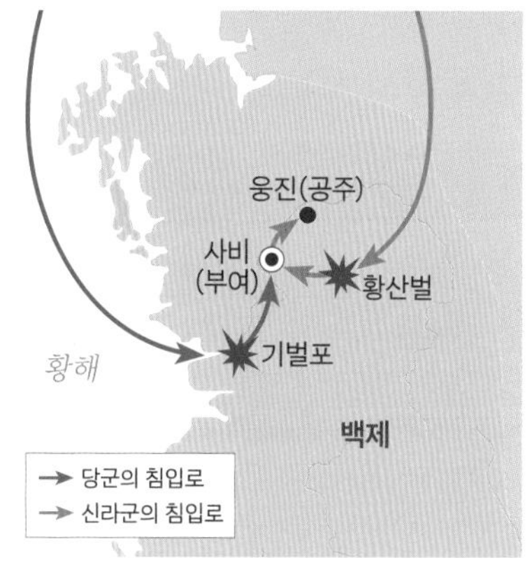

▲ 백제의 멸망 과정

백제 부흥 운동

그 후 멸망한 백제를 다시 일으키기 위해 백제 부흥 운동이 곳곳에서 일어났어요. 주류성에서 복신과 도침이 일어나 왜에 있던 백제 왕자 부여풍을 왕으로 세워 부흥 운동을 벌였어요. 임존성에서는 흑치상지가 백제를 다시 세우고자 군사를 일으켰어요. 백제와 가까운 나라였던 왜도 백제 부흥 운동을 도왔어요. 처음에는 백제 부흥 운동을 일으킨 세력이 많은 성을 되찾았어요. 하지만 지도층 안에서 분열이 일어나고, 백제와 왜의 연합군이 백강 전투*에서 나당 연합군에 패했어요. 결국 주류성마저 무너지면서 백제 부흥 운동은 실패하고 말았어요.

〈낱말 풀이〉 **당 태종** 당의 2대 황제. 여러 차례 고구려 정벌을 시도했으나 실패함.
계백 백제의 장군. 황산벌에서 신라 장군 김유신과 싸웠으나 전투 중에 죽음.
웅진성 백제의 2번째 도읍이었던 성. 현재의 공주시.
백강 전투 백제 부흥군과 왜군이 백강에서 나당 연합군과 싸운 전투. 백강은 현재의 금강 하구 부근임.

연결하여 읽기 **2** **다음 사건들을 일어난 순서에 맞게 번호를 쓰세요.**

(1) 백제 부흥 운동이 일어났다.
(2) 신라와 당이 동맹을 맺었다.
(3) 의자왕이 항복하며 백제가 멸망했다.
(4) 백제의 공격을 받아 신라가 40여 개의 성을 빼앗겼다.

( ) → ( ) → ( ) → ( )

자세히 읽기 **3** **이 글의 내용에 대한 설명으로 알맞은 것을 고르세요.** (　　　)

① 왜는 백제 부흥 운동을 도왔다.

② 신라는 백제로부터 대야성을 지켜 냈다.

③ 백제와 왜의 연합군은 백강 전투에서 승리했다.

④ 고구려의 보장왕은 김춘추의 부탁을 들어주었다.

⑤ 당 태종은 고구려 정벌을 위해 신라에게 동맹을 요청했다.

깊이 읽기 **4** **이 글과 〈보기〉를 읽고, ㉠과 ㉡에 대한 설명으로 알맞지 않은 것을 고르세요.** (　　　)

〈보기〉

김춘추와 고구려 보장왕의 협상

김춘추: (　　㉠　　)를 칠 수 있도록 고구려가 군대를 보내 주시기를 바랍니다.

보장왕: 한강 유역의 영토를 돌려주면 군대를 보내 주겠다.

김춘추와 (　　㉡　　) 태종의 협상

김춘추: (　　㉠　　)를 없애고 고구려를 함께 공격합시다.

(　　㉡　　) 태종: (　　㉠　　)와 고구려를 멸망시키고 평양 남쪽의 땅을 신라에 주겠다.

① ㉠은 백제다.

② ㉡은 당이다.

③ ㉡은 고구려 정벌에 실패했었다.

④ 신라는 ㉡과 연합해 ㉠을 멸망시켰다.

⑤ ㉠은 황산벌 전투에서 신라에게 이겼다.

구조로 정리하기

5 다음 구조도를 보며 이 글의 내용을 정리해 보고, 빈칸에 알맞은 말을 쓰세요.

신라의 위기와 나당 동맹

☐☐의 공격으로 신라가 위기에 빠짐.

↓

신라가 고구려에 군사를 요청했으나 거절당함.

↓

신라가 당에 군사 동맹을 요청했고 당이 받아들임.

↓

☐☐ ☐☐이 맺어짐(648).

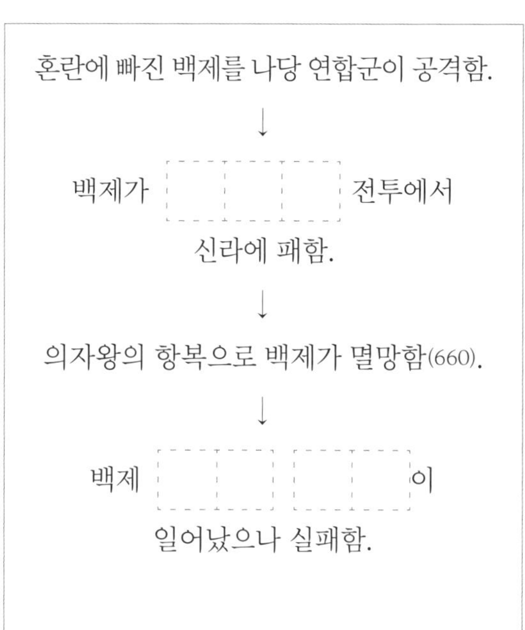

백제의 멸망

혼란에 빠진 백제를 나당 연합군이 공격함.

↓

백제가 ☐☐☐ 전투에서 신라에 패함.

↓

의자왕의 항복으로 백제가 멸망함(660).

↓

백제 ☐☐ ☐☐이 일어났으나 실패함.

서술형 쓰기

6 이 글과 다음 지도를 보고, 물음에 답하세요.

(1) 계백과 김유신이 전투를 벌인 곳을 지도에서 찾아 ◯표 하세요.

(2) 위 전투 이후 백제가 어떻게 됐는지 쓰세요.

의자왕은 적을 방어하기에 유리한 웅진성으로 피신하여 싸우려 했습니다. 하지만

03. 이어서 신라는 고구려도 멸망시키고 삼국을 통일했어요.

정답과 해설 3쪽

그림으로 만나는
개념

고구려의 멸망

나당 연합군의 고구려 공격

고구려의 연개소문이
나당 연합군의 공격을 막아 냄

지배층의 권력 다툼

연개소문이 죽고 지배층
사이에 권력 다툼이 일어남

668년
고구려 멸망

평양성이 무너지며
고구려가 멸망함

고구려 부흥 운동

고구려를 다시
일으키려 했지만 실패함

문장으로 다지는
어휘

나당 연합군
삼국 통일을 위해 전쟁을 벌이던 때 신라와 당이 힘을 합친 군대. 백제를 멸망시킴.

연개소문
정변을 일으켜 영류왕을 죽이고 권력을 잡은 고구려의 장군. 나당 연합군의 공격을 막아 냄.

고구려
주몽이 기원전 37년에 압록강 유역의 졸본에 도읍하여 세운 나라.

고구려 부흥 운동
(- 다시**부** 일으킬**흥** -)
고구려 멸망 이후, 고구려를 다시 일으키고자 일어난 움직임.

백제를 멸망시킨 ☐☐ ☐☐☐이 고구려를 공격했지만, 연개소문이 막아 냈어요.

그러나 ☐☐☐☐이 죽으면서 고구려는 권력 다툼으로 혼란에 빠졌어요.

이 틈을 타 나당 연합군이 평양성을 무너뜨리면서 ☐☐☐도 **멸망**했어요.

그 뒤 ☐☐☐ ☐☐ 운동이 일어났지만 실패하고 말았어요.

신라와 당이 손을 잡고 백제를 멸망시킨 후
나당 연합군은 고구려도 멸망시켰어요.
이후 신라는 당을 몰아내고 마침내 삼국을 통일했어요.

나당 전쟁과 삼국 통일

나당 전쟁

(배경)
당의 야욕

매소성 전투

기벌포 전투

676년
삼국 통일

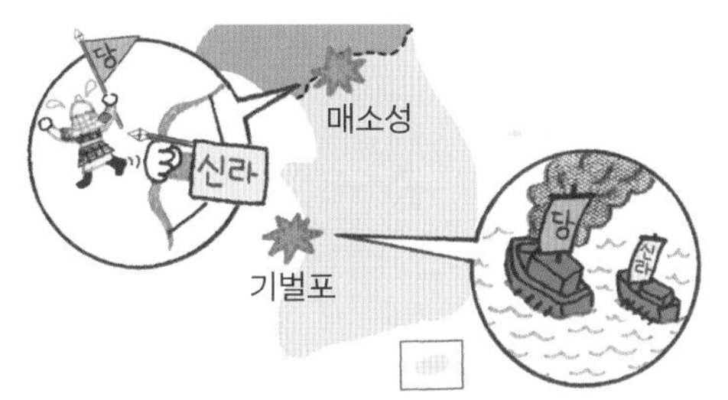

당이 한반도 전체를 지배하려 함

신라가 당과 전쟁을 벌여 매소성과 기벌포에서 승리함

신라가 당을 몰아내고 삼국을 통일함

나당 전쟁
신라가 한반도 전체를 차지하려는 당을 몰아내기 위해 벌인 전쟁.

매소성 전투
나당 전쟁의 주요 전투. 매소성은 임진강 주변에 있던 성임.

기벌포 전투
나당 전쟁의 주요 전투. 기벌포는 황해와 금강이 만나는 곳의 옛 이름임.

삼국 통일
(셋**삼** 나라**국** 합칠**통** 하나**일**)
고구려, 백제, 신라로 나뉘어 있던 삼국을 신라가 하나로 합친 일.

백제와 고구려가 멸망한 뒤 **당**은 신라마저 넘보며 한반도 전체를 지배하려고 했어요.

그러자 신라는 당을 몰아내려고 [ ][ ] [ ][ ]을 일으켰어요.

신라는 [매][ ][ ] [전][투]와 [기][ ][ ] [전][투]에서 큰 승리를 거뒀어요.

★ 이로써 **신라**는 당을 몰아내고 [ ][ ] [ ][ ]을 이루었어요.

신라는 고구려도 멸망시키고 삼국을 통일했어요.

▼ 다음 글을 읽고 물음에 답하세요.

나당 연합군의 고구려 공격

신라는 6세기에 한강 유역을 차지하며 발전한 나라였어요. 신라는 백제와 고구려에 맞서기 위해 당과 손을 잡았어요. 신라와 당이 힘을 합친 나당 연합군이 660년에 백제를 무너뜨렸지만, 고구려가 아직 남아 있었어요. 중국을 통일한 당이 한반도의 조그만 나라인 신라와 힘을 합친 것도 고구려를 정복하기 위해서였지요. 당의 군사들은 바다를 건너 고구려에 쳐들어와 평양성을 둘러쌌어요. 하지만 평양성은 백제의 사비성과는 달리 쉽게 무너지지 않았고, 고구려 장군 연개소문은 차례차례 나당 연합군을 무찔렀어요. 나당 연합군은 하는 수 없이 고구려에서 물러났어요.

고구려의 멸망

그런데 이렇게 강했던 고구려가 불과 몇 년 만에 큰 혼란에 빠졌어요. 고구려의 최고 권력자인 연개소문이 죽으면서 연개소문의 아들들이 권력 다툼을 벌였기 때문이에요. 그러던 중 연개소문의 맏아들은 당으로, 연개소문의 동생은 신라로 넘어갔어요. 나당 연합군은 이러한 혼란을 틈타 다시 고구려를 공격했고, 고구려는 평양성이 무너지며 결국 멸망하고 말았어요(668).

고구려 부흥 운동

그 후 곳곳에서 멸망한 고구려를 다시 일으키기 위해 고구려 부흥 운동이 일어났어요. 한성에서 검모잠이 고구려 왕족인 안승을 왕으로 받들고, 요동에서는 고연무가 고구려를 다시 세우고자 군사를 일으켰어요. 하지만 지도층의 분열로 안승이 검모잠을 죽이고 신라에 항복하면서 고구려 부흥 운동도 결국 실패하고 말았어요.

이렇게 나당 연합군은 백제에 이어 고구려까지 멸망시켰어요. 하지만 아직 전쟁이 끝난 것은 아니었어요. 당이 신라까지 다스리려는 야욕*을 가지고 있었기 때문이

바르게 읽기 **1** **이 글의 내용으로 알맞은 것에 ○표, 알맞지 않은 것에 ×표를 하세요.**

(1) 연개소문이 나당 연합군을 무찔렀다. (　　)

(2) 668년에 평양성이 무너지며 고구려는 멸망했다. (　　)

(3) 당이 신라를 몰아내기 위해 나당 전쟁을 일으켰다. (　　)

(4) 신라의 삼국 통일로 삼국의 백성들은 평화를 얻었다. (　　)

에요. 당은 여러 통치 기구를 설치하여 옛 백제와 고구려 땅을 다스리려고 했어요. 이에 맞서 신라는 당을 몰아내기 위해 나당 전쟁을 일으켰어요.

나당 전쟁과 삼국 통일

신라는 당에 맞서 싸우기 위해 고구려 부흥 운동 세력을 도와주고, 백제 유민과도 힘을 합쳤어요. 반면 당은 신라 외에도 다른 이민족과 싸우느라 나당 전쟁에 집중할 수 없었어요. 이 덕분에 신라는 매소성과 기벌포에서 당군을 크게 무찌를 수 있었어요. 매소성 전투와 기벌포 전투에서 패배한 당은 한반도에서 결국 물러났어요. 이로써 신라는 우리 민족 최초의 통일을 이루었어요(676).

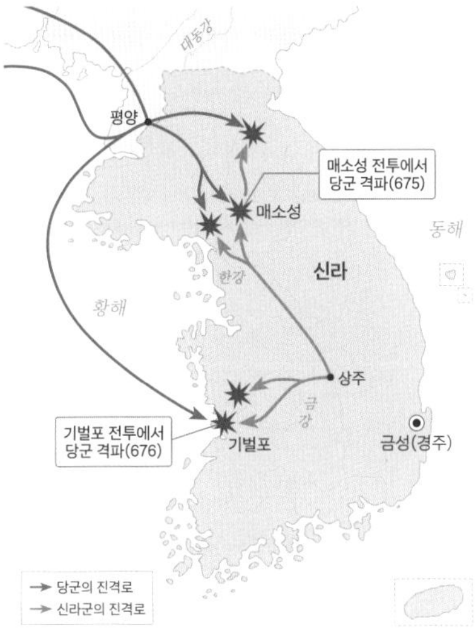

▲ 나당 전쟁과 삼국 통일

비록 고구려의 옛 땅을 모두 지키지는 못했지만, 신라는 한반도 전체를 다스리려던 당의 야욕을 막았어요. 그리고 삼국이 통일되면서 오랜 전쟁으로 고통을 받던 삼국의 백성들은 평화를 얻었어요. 또한 신라는 고구려 및 백제의 유민과 힘을 합치면서 민족 통합을 이루고자 했어요. 나아가 삼국 통일로 세 나라 문화가 서로 합쳐지면서 새로운 민족 문화가 발달할 수 있는 기초를 다지게 됐어요.

〈낱말 풀이〉 **야욕** 자기 이익만 챙기려는 더러운 욕심.
유민 망하여 없어진 나라의 백성.
이민족 언어·풍습 따위가 다른 민족.

연결하여 읽기 **2** **다음 사건들을 일어난 순서에 맞게 번호를 쓰세요.**

(1) 신라가 삼국을 통일했다.

(2) 고구려 부흥 운동이 일어났다.

(3) 신라가 매소성에서 당군을 무찔렀다.

(4) 연개소문이 죽으면서 고구려가 혼란에 빠졌다.

( ) → ( ) → ( ) → ( )

자세히 읽기

3 고구려의 멸망에 대한 설명으로 알맞은 것을 고르세요. (   )

① 고구려 왕족인 안승은 당에 항복했다.
② 평양성이 무너지며 고구려가 멸망했다.
③ 당은 고구려 부흥 운동 세력을 도와주었다.
④ 연개소문의 가족들은 끝까지 고구려를 지켰다.
⑤ 고구려는 권력 다툼 중에도 나당 연합군을 막아 냈다.

깊이 읽기

4 이 글과 〈보기〉를 읽고, 삼국 통일 무렵 당의 야욕에 대한 설명으로 알맞지 않은 것을 고르세요. (   )

〈보기〉

나당 동맹을 맺을 때, 신라와 당은 백제와 고구려를 멸망시킨 뒤 한반도를 나누어 갖기로 약속했습니다. 그런데 당은 평양을 경계로 땅을 나누기로 한 약속을 지키지 않고, 오히려 신라까지 차지하려고 했습니다. 당은 삼국의 도읍이었던 평양, 웅진, 금성에 각 지역을 다스리기 위한 통치 기구인 안동 도호부*, 웅진 도독부*, 계림 도독부를 설치했습니다. 결국 신라는 약속을 어긴 당을 몰아내기 위해 나당 전쟁을 일으켰습니다.

▲ 당이 한반도에 설치한 통치 기구

* **도호부, 도독부** 당의 통치 기구. 도호부 밑에 도독부를 두었다.

① 신라는 당과의 약속을 지키지 않았다.
② 당은 한반도에 여러 통치 기구를 설치했다.
③ 신라는 당을 몰아내기 위해 나당 전쟁을 일으켰다.
④ 백제와 고구려를 멸망시킨 당은 신라까지 차지하려 했다.
⑤ 신라와 당은 동맹을 맺을 때 한반도를 나누어 갖기로 했었다.

구조로 정리하기 **5** **다음 구조도를 보며 이 글의 내용을 정리해 보고, 빈칸에 알맞은 말을 쓰세요.**

고구려의 멸망	나당 전쟁과 삼국 통일
고구려가 나당 연합군의 공격을 막아 냄. ↓ 연개소문이 죽고 고구려에서 권력 다툼이 일어남. ↓ ☐☐☐이 무너지며 고구려가 멸망함(668). ↓ 고구려 부흥 운동이 일어났으나 실패함.	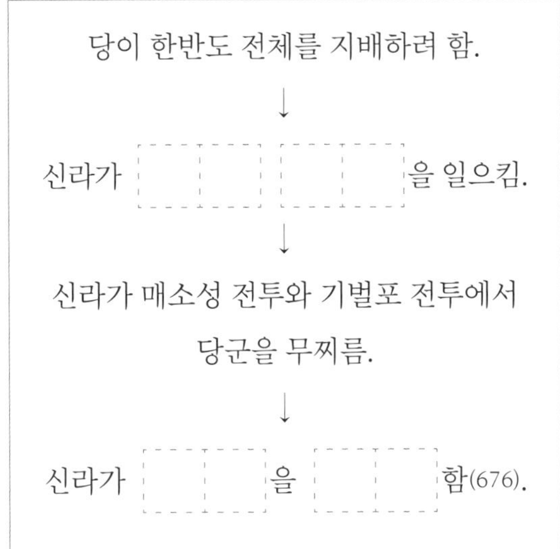 당이 한반도 전체를 지배하려 함. ↓ 신라가 ☐☐ ☐☐을 일으킴. ↓ 신라가 매소성 전투와 기벌포 전투에서 당군을 무찌름. ↓ 신라가 ☐☐을 ☐☐함(676).

서술형 쓰기 **6** **이 글과 다음 지도를 보고, 물음에 답하세요.**

(1) 나당 전쟁의 주요 전투 장소 2곳을 지도에서 찾아 ◯표 하세요.

(2) 신라가 나당 전쟁에서 이길 수 있었던 까닭을 쓰세요.

신라는 당에 맞서 싸우기 위해 ______________________

____

04. 이후 고구려를 계승한 발해가 세워졌어요.

정답과 해설 4쪽

그림으로 만나는
개념

발해의 건국

당에 끌려간 고구려 유민

고구려 유민이 당의 지배를 받음

거란인의 반란

당의 통제가 약해짐

대조영의 당 탈출

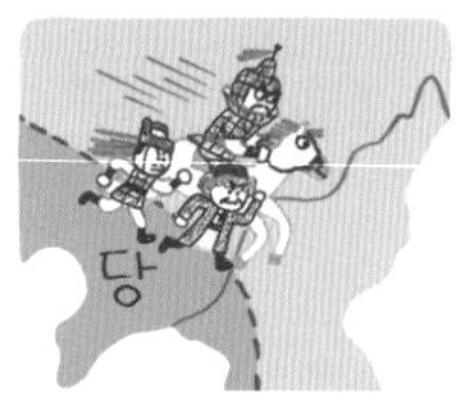

대조영이 무리를 이끌고 당을 빠져나옴

698년
발해 건국

대조영이 당군을 물리치고 발해를 세움

문장으로 다지는
어휘

고구려 유민
(- 남을**유** 백성**민**)
망하여 없어진 고구려의 옛 백성. 당으로 끌려가 지배를 받기도 함.

거란인
5세기 중엽부터 내몽골 지역에 살던 민족. 당의 지배를 받음.

대조영
고구려 유민을 이끌던 옛 고구려의 장수. 발해를 건국하고 발해의 첫 왕이 됨.

발해
고구려 장수 대조영이 고구려 유민과 말갈인을 이끌고 698년에 동모산에 도읍하여 세운 나라.

고구려가 멸망한 뒤 많은 **고구려** [ ][ ]이 당에 끌려갔어요.

그러던 중 함께 당의 지배를 받던 [ ][ ][ ]이 반란을 일으켜 당의 통제가 약해졌어요.

이 틈을 타 옛 고구려 장수였던 [ ][ ][ ]이 무리를 이끌고 당에서 탈출했어요.

이후 대조영은 쫓아오던 당군을 물리치고 동모산에 도읍하여 [ ][ ]를 세웠어요.

신라가 삼국을 통일한 뒤 많은 고구려 유민이 당으로 끌려갔고, 옛 고구려의 장수였던 대조영이 당을 탈출해 발해를 세웠어요. 발해는 고구려를 계승했음을 분명하게 내세웠어요.

발해의 고구려 계승

주민 구성

고구려 유민이 중심이 되어 말갈인과 함께 발해를 세움.

지배층에 고구려 출신이 많았음

고구려 계승 의식

발해 왕이 고구려 계승을 내세움

말갈인
6세기경부터 만주 동북부 지역에 살던 민족. 여러 민족으로 나뉘어 있었으며 일부는 고구려의 지배를 받음.

고구려
주몽이 기원전 37년에 압록강 유역의 졸본에 도읍하여 세운 나라.

계승 (이을**계** 이을**승**)
조상의 전통이나 문화유산, 업적 따위를 물려받아 이어 나감.

발해는 **고구려 유민**이 중심이 되어 ☐☐☐과 함께 세운 나라였어요.

발해 지배층의 대부분은 ☐☐☐ 출신이었어요.

발해의 왕도 고구려 ☐☐을 내세웠어요.

이런 점들이 발해가 **고구려**를 **계승**했다는 것을 잘 보여 줘요.

고구려를 계승한 발해가 세워졌어요.

▼ 다음 글을 읽고 물음에 답하세요.

고구려, 백제, 신라 세 나라가 한반도를 지배하던 삼국 시대에 고구려는 가장 넓은 영토를 다스리며 힘을 떨쳤어요. 그리고 고구려는 수와 당의 계속된 침략을 막아 냈지요. 그러나 백제를 멸망시킨 신라와 당의 나당 연합군에 의해 고구려도 668년에 결국 멸망했어요.

고구려가 멸망한 뒤 당은 왕과 귀족을 포함해 많은 고구려인을 당으로 끌고 갔어요. 끌려간 고구려 유민은 당의 지배를 받아야 했어요. 그때 당에는 고구려 유민 말고도 거란인, 말갈인 등 여러 민족이 강제로 끌려와 당의 지배를 받고 있었어요. 당이 이들을 통제하고 높은 세금을 매기자 사람들의 불만이 커졌어요.

발해의 건국

이런 상황에서 거란인이 반란*을 일으켜서 당의 통제가 잠깐 약해졌어요. 그러자 이 틈을 타 고구려 장수 출신인 대조영이 고구려 유민과 말갈인 등을 이끌고 당에서 탈출했어요. 대조영과 무리들은 자신들을 뒤쫓아 오는 당군을 천문령 고개에서 크게 무찔렀어요. 그 뒤 대조영은 고구려 옛 땅이었던 동모산*을 도읍으로 발해를 세웠어요(698). 고구려 멸망 후 삼십 년이 지난 때였어요.

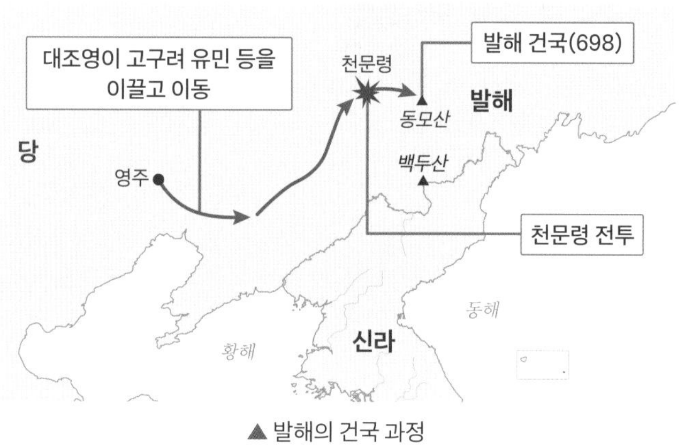

▲ 발해의 건국 과정

바르게 읽기 **1** **이 글의 내용으로 알맞은 것에 ○표, 알맞지 않은 것에 ×표를 하세요.**

(1) 고구려 멸망 후 많은 고구려 유민이 당으로 끌려갔다. (　　)

(2) 대조영은 거란인을 이끌고 당을 탈출하여 발해를 세웠다. (　　)

(3) 발해의 지배층은 대부분 고구려 출신이었고 말갈인도 있었다. (　　)

(4) 발해는 고구려의 문화를 계승해 당의 문화를 받아들이지 않았다. (　　)

발해가 세워지면서 한반도에는 두 개의 나라가 있게 되었어요. 한반도 중부와 남부에는 통일 신라가, 한반도 북부와 만주에는 발해가 들어선 것이지요. 이렇게 통일 신라와 발해가 함께한 시대를 남북국 시대라고 해요.

발해의 고구려 계승

발해가 세워지자 고구려 멸망 후에 흩어졌던 고구려 유민들이 하나둘 발해로 모여들었어요. 점차 발해의 영토가 넓어지면서 발해에는 고구려인과 말갈인을 비롯하여 다양한 민족이 살게 되었지요. 발해에는 다양한 민족이 살았지만, 발해를 세울 때 중심이 된 것은 고구려 유민이었어요. 그래서 발해의 지배층은 대부분 고구려 출신이었어요. 지배층에는 말갈인도 있었지만, 발해의 왕족인 대씨와 고구려 왕족인 고씨가 가장 많았어요.

발해는 고구려 유민을 중심으로 세워진 만큼 고구려 계승 의식을 분명히 내세웠어요. 발해의 왕은 스스로를 '고려(고구려)' 국왕이라고 했고, 발해가 고구려의 옛 땅을 되찾았다는 것도 주변국에 알렸어요. 발해의 주변국인 통일 신라, 당, 일본도 발해가 고구려를 계승했다는 점을 알고 있었어요. 고구려를 계승한 발해는 고구려의 문화 전통을 이으면서도, 당과 말갈 등의 문화를 함께 받아들여 발해만의 새로운 문화를 발전시켰어요.

〈낱말 풀이〉 **반란** 나라나 지도자 따위에 반대하여 공격하거나 싸움을 일으킴.
동모산 대조영이 발해를 세운 곳. 백두산에서 북쪽으로 300여 리 떨어진 지점.

연결하여 읽기 **2** **다음 사건들을 일어난 순서에 맞게 번호를 쓰세요.**

(1) 대조영이 무리를 이끌고 당을 탈출했다.

(2) 대조영이 동모산을 도읍으로 발해를 세웠다.

(3) 거란인이 반란을 일으켜 당의 통제가 약해졌다.

(4) 고구려가 멸망하고 많은 고구려 유민이 당에 끌려갔다.

( ) → ( ) → ( ) → ( )

자세히 읽기 **3** **발해에 대한 설명으로 알맞지 <u>않은</u> 것을 고르세요.** (　　　)

① 발해는 고구려의 문화 전통을 이었다.

② 발해에는 다양한 민족이 살고 있었다.

③ 발해의 지배층에는 고구려 출신만 있었다.

④ 발해는 고구려 계승 의식을 분명히 내세웠다.

⑤ 발해와 통일 신라가 함께한 시대를 남북국 시대라고 한다.

깊이 읽기 **4** **이 글과 〈보기〉를 읽고, 발해의 고구려 계승에 대한 설명으로 알맞지 <u>않은</u> 것을 고르세요.** (　　　)

〈보기〉

발해에 대한 주변 나라의 인식

통일 신라의 기록	당의 기록	일본의 기록
- 고구려 유민들이 나라를 세우고 발해라고 하였다. 지난날의 고구려가 오늘의 발해이다. - 최치원이 당의 관리에게 보낸 글	- 대조영은 고(구)려의 한 갈래(별종)이다. - 무리를 이끌고 … 동모산에 성을 쌓고 살았다. -『구당서』	- 고(구)려에 파견된 사신이 명령을 지키고 돌아왔다. - 견고려사* 목간 - 일본 왕은 고(구)려 국왕에게 안부를 묻는다. -『속일본기』

* **견고려사** 발해에 보낸 일본 사신을 견고려사(고려에 파견한 사신)라고 표현함.

① 발해는 고구려 유민만 있는 나라였다.

② 발해의 지배층에는 고구려 출신이 많았다.

③ 통일 신라는 고구려 유민이 발해를 세웠다고 기록했다.

④ 일본은 발해에 파견한 사신을 고구려에 보낸 사신으로 기록했다.

⑤ 발해의 주변국들은 발해가 고구려를 계승했다는 것을 알고 있었다.

구조로 정리하기 **5** **다음 구조도를 보며 이 글의 내용을 정리해 보고, 빈칸에 알맞은 말을 쓰세요.**

발해의 건국
고구려 멸망 후 많은 고구려 유민이 당으로 끌려감. ↓ 거란인의 반란으로 당의 통제가 약해짐. ↓ ☐☐☐이 무리를 이끌고 당을 탈출함. ↓ 대조영이 동모산을 도읍으로 발해를 세움(698).

발해의 고구려 계승
주민 구성
- 고구려 유민이 중심이 되어 말갈인과 세움. - 지배층에 ☐☐☐ 출신이 많았음.
고구려 계승 의식
- 고구려 ☐☐ 의식을 분명히 내세움. : 발해 왕이 스스로 '고려(고구려)' 국왕이라 함. : 고구려 옛 땅을 되찾은 것을 주변국에 알림.

서술형 쓰기 **6** **이 글과 다음 지도를 보고, 물음에 답하세요.**

(1) 발해가 세워진 도읍을 지도에서 찾아 ◯표 하세요.

(2) 한반도에 발해가 세워진 뒤를 무슨 시대라고 하는지 쓰세요.

발해가 세워지면서 한반도에는 두 개의 나라가 있게 되었습니다. 이렇게

라고 합니다.

1장 신라의 삼국 통일과 발해의 건국

고구려와 수·당의 전쟁

612년

수의 침입

① [ ][ ][ ][ ]

고구려 장군 을지문덕이 살수에서 수의 군사를 크게 물리친 전투.

645년

당의 침입

② [ ][ ][ ][ ][ ]

고구려가 안시성에서 당의 군사를 물리친 전투.

나당 동맹과 백제의 멸망

648년

신라의 위기

① [ ][ ][ ][ ]

648년에 맺어진 신라와 당의 동맹.

신라의 삼국 통일

나당 전쟁

매소성 전투

기벌포 전투

676년

① [ ][ ][ ][ ]

고구려, 백제, 신라로 나뉘어 있던 삼국을 신라가 하나로 합친 일.

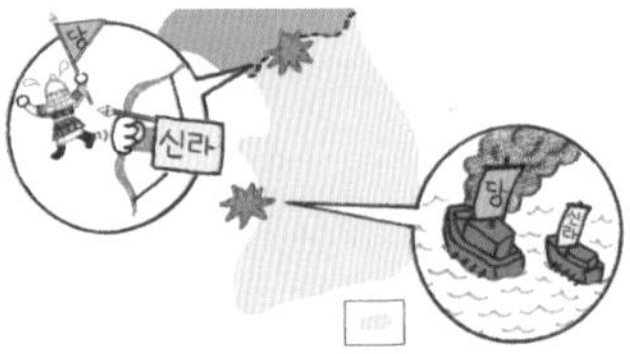

668년

③ ___ ___ ___ 멸망

주몽이 기원전 37년에 압록강 유역의 졸본에 도읍하여 세운 나라.

나당 연합군의 고구려 공격

660년

② ___ ___ 멸망

온조가 기원전 18년에 위례성에 도읍하여 세운 뒤 한강 유역을 중심으로 발전한 나라.

나당 연합군의 백제 공격

발해의 건국

당에 끌려간 고구려 유민

대조영의 당 탈출

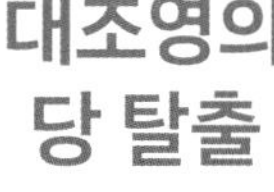

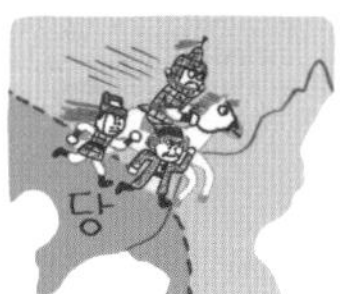

698년

① ___ ___ 건국

고구려 장수 대조영이 고구려 유민과 말갈인을 이끌고 698년에 동모산에 도읍하여 세운 나라.

탐구 주제 1 고구려는 수와 당의 침략을 어떻게 물리쳤을까?

〈자료 1〉 고구려와 수의 전쟁 / 살수 대첩

수 양제가 많은 군사를 이끌고 고구려를 침략했으나 고구려군은 요동성에서 수를 막아 냈습니다. 그러자 수 양제는 평양성을 공격하도록 별동대를 꾸려 보냈습니다. 하지만 고구려의 을지문덕이 살수 대첩으로 수의 별동대를 무찔렀습니다.

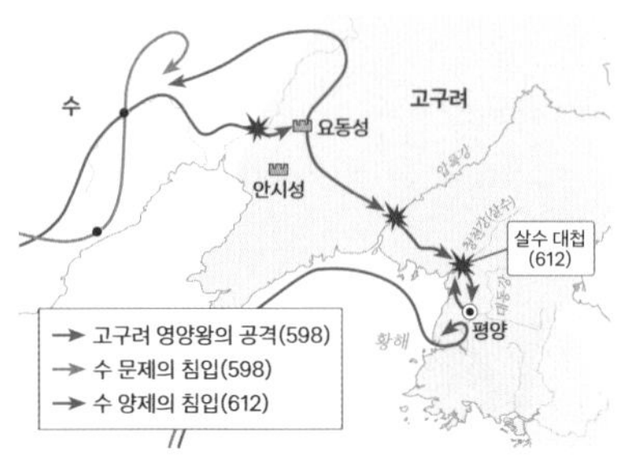

〈자료 2〉 고구려와 당의 전쟁 / 안시성 전투

당 태종이 고구려를 침입해 요동성을 포함한 여러 성을 무너뜨린 뒤 안시성을 둘러쌌습니다. 당군은 거세게 안시성을 공격했으나, 고구려군과 백성들은 안시성에서 당군의 공격을 막아 냈습니다.

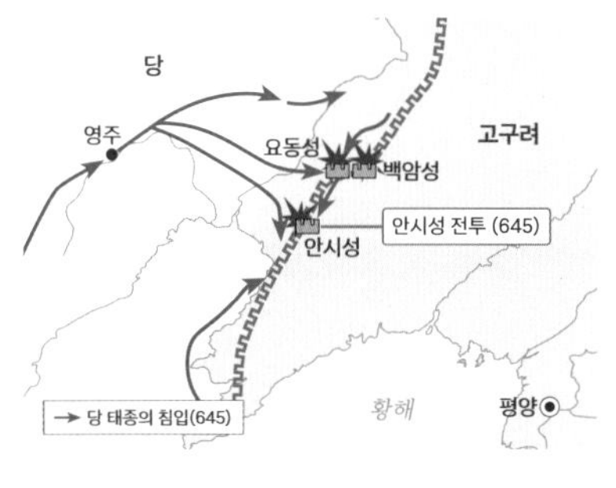

1 〈자료 1〉과 〈자료 2〉를 읽고, 다음 글의 ㉠ ~ ㉢에 알맞은 말을 찾아 쓰세요.

> 수 양제는 (㉠)에서 패하고도 몇 번 더 고구려를 침략했지만, 고구려는 이를 모두 막아 냈습니다. (㉡) 또한 안시성 전투에서 패한 뒤에도 여러 번 고구려를 침입했지만, 고구려는 이를 모두 막아 냈습니다. 이처럼 (㉢)는 중국을 통일한 강대국 수, 당과 연거푸 큰 전쟁을 치르며 중국으로부터 한반도를 지켜 냈습니다.

㉠ (　　　　　　　　) ㉡ (　　　　　　　　) ㉢ (　　　　　　　　)

2 고구려가 수, 당과의 전쟁을 이긴 의의를 다음 핵심어를 모두 넣어 쓰세요.

핵심어 (고구려) (수, 당) (한반도)

탐구 주제 2

신라는 어떻게 위기를 이겨 낼 수 있었을까?

〈자료 1〉 신라의 위기	〈자료 2〉 신라의 대응
선덕 여왕 11년 (642) 백제가 대야성과 40여 개의 성을 빼앗았다. ↓	**선덕 여왕 11년** (642) 김춘추를 고구려에 보내 군사를 요청했으나, 고구려가 요청을 거절했다. ↓
진덕 여왕 2년 (648) 백제가 서쪽을 침공했다. ↓	**진덕 여왕 2년** (648) 김춘추를 당에 보내 동맹을 요청했고, 당이 요청을 받아들여 나당 동맹이 맺어졌다. ↓
태종 무열왕 2년 (655) 고구려와 백제가 연합해 북쪽 33개의 성을 빼앗았다. -『삼국사기』	**태종 무열왕 7년** (660) 나당 연합군이 백제를 멸망시켰다. -『삼국사기』

1 〈자료 1〉과 〈자료 2〉를 읽고, 다음 글의 ㉠~㉢에 알맞은 말을 찾아 쓰세요.

642년 대야성과 40여 개의 성을 빼앗기며 위기에 빠진 (㉠)는 김춘추를 고구려에 보내 군사를 요청했지만, 고구려가 요청을 거절했습니다. 그 후 648년에 신라는 김춘추를 (㉡)에 보내 동맹을 요청했고, 당이 요청을 받아들여 나당 동맹이 맺어졌습니다. 그 후에도 신라는 계속해서 백제, 고구려의 공격을 받았으나 결국 660년에 당과 연합해 (㉢)를 멸망시키는 데 성공했습니다.

㉠ ( ) ㉡ ( ) ㉢ ( )

2 신라가 위기를 이겨 낸 방법과 그 결과를 다음 핵심어를 모두 넣어 두 문장으로 쓰세요.

핵심어 (신라) (나당 동맹) / (백제) (멸망)

탐구 주제 3

신라의 삼국 통일을 어떻게 평가할까?

〈자료 1〉 신라의 삼국 통일에 대한 역사가들의 기록

김부식(고려) 김춘추가 당과 동맹을 맺고 고구려와 백제를 멸망시키려 한 것은 전쟁을 없애 백성을 지키려 한 것이다. -『삼국사기』

일연(고려) 김춘추는 김유신과 힘을 합해 삼국을 통일하여 큰 공을 세웠다. -『삼국유사』

한백겸(조선) 신라가 통일을 하고 한반도 중앙으로 도읍을 옮겼다면 고구려의 옛 땅을 되찾을 수 있었을 것이다. 그러지 못해 이민족이 그 땅을 차지하고 계속해서 우리 땅을 불안하게 했다. -『동국지리지』

신채호(조선) 당이라는 외세를 불러들여 삼국을 통일한 것은 도적을 끌어들여 형제를 죽이는 것과 마찬가지다. -『독사신론』

〈자료 2〉 신라의 삼국 통일에 대한 의견

신라는 다른 나라를 끌어들여 같은 민족의 나라를 멸망시켰어. 그리고 고구려 땅도 잃어버렸지.

신라는 삼국의 다툼 속에서 당과 손을 잡은 것뿐이야.

신라의 삼국 통일로 삼국의 문화가 합쳐지며 새로운 문화가 발전했어.

1 〈자료 1〉을 읽고, 다음 표의 ㉠과 ㉡에 알맞은 역사가를 찾아 쓰세요.

신라의 삼국 통일에 대한 긍정적 입장	신라의 삼국 통일에 대한 부정적 입장
(㉠), 일연	(㉡), 한백겸

2 〈자료 2〉를 읽고 삼국 통일의 의미와 한계를 다음 핵심어를 모두 넣어 두 문장으로 쓰세요.

핵심어 (삼국의 문화) / (당) (고구려 땅)

탐구 주제 4

발해와 고구려는 어떤 관계가 있을까?

〈자료 1〉 발해의 지배층 구성

발해에 다양한 민족이 살았지만 발해를 세울 때 중심이 된 것은 고구려 유민이었습니다. 그래서 발해의 지배층 대부분이 고구려 출신이었습니다. 지배층에는 말갈인도 있었지만, 발해의 왕족인 대씨와 고구려 왕족인 고씨가 가장 많았습니다.

▲ 발해 지배층의 성씨 구성

〈자료 2〉 발해의 고구려 계승에 대한 기록

발해의 기록	고(구)려 국왕이 인사한다. … 우리는 고(구)려의 옛 땅을 되찾았으며 …	- 발해 무왕이 일본에 보낸 문서
통일 신라의 기록	고구려 유민들이 나라를 세우고 발해라고 하였다. 지난날의 고구려가 오늘의 발해이다.	- 최치원이 당의 관리에게 보낸 글
당의 기록	대조영은 고(구)려의 한 갈래(별종)이다.	- 『구당서』
일본의 기록	고(구)려에 파견된 사신이 명령을 지키고 돌아왔다.	- 견고려사 목간

1 〈자료 1〉과 〈자료 2〉를 읽고, 다음 글의 ㉠ ~ ㉢ 에 알맞은 말을 찾아 쓰세요.

> 발해는 다양한 민족 중에서도 고구려 (㉠)을 중심으로 세워진 만큼 고구려 계승 의식을 분명히 내세웠습니다. 발해의 왕은 스스로를 '고려(고구려)' 국왕이라고 했고, (㉡)의 옛 땅을 되찾았다는 것도 주변국에 알렸습니다. 그리고 주변국인 신라, 당, (㉢)도 발해가 고구려를 계승했다는 것을 알고 있었습니다.

㉠ (   ) ㉡ (   ) ㉢ (   )

2 발해와 고구려의 관계를 다음 핵심어를 모두 넣어 두 문장으로 쓰세요.

핵심어 (유민) (지배층) / (주변국) (계승)

(쉬어 가기)

‘고려’는 어느 나라가 사용한 국호일까요?

발해의 왕은 일본에 편지를 보낼 때 스스로를 고려 국왕이라고 했어요. 왜 ‘고구려’도 ‘발해’도 아니고 ‘고려’라고 한 걸까요?

고구려가 ‘고려’로 국호를 바꿨어요.

기원전 37년에 세워진 고구려는 초기에 ‘고구려’라는 국호를 사용했어요. 하지만 5세기 장수왕 때 ‘고려’로 국호가 바뀐 것으로 짐작돼요. 그래서 고구려 후기의 유물이나 외국의 기록에는 고구려가 ‘고려’로 써 있어요. 훗날 역사가 김부식은 왕건이 세운 고려와 구분하기 위해 ‘고구려’라는 표현만 사용했어요.

고구려를 계승한 발해가 ‘고려’ 국호를 사용했어요.

698년에 대조영과 고구려 유민이 세운 발해는 고구려를 계승했어요. 그래서 발해는 외국과의 문서에 ‘고려 국왕’, ‘고려의 옛 땅을 회복했다’와 같은 표현을 썼어요. 또한 외국에서도 ‘고려 국왕’, ‘고려의 별종’이라는 표현을 썼어요. 여기서 등장하는 ‘고려’는 모두 ‘고구려’를 뜻해요.

후고구려를 세운 궁예도 ‘고려’ 국호를 사용했어요.

후삼국 시대인 901년에 후고구려를 세운 궁예 또한 ‘고려’ 국호를 사용했어요. 그런데 궁예는 이후에 국호를 마진, 태봉 등으로 계속 바꿨어요. 그래서 오늘날에는 왕건이 세운 고려와 구분하기 위해 ‘후고구려’라 쓰고 있어요.

고려를 세운 왕건이 ‘고려’ 국호를 사용했어요.

궁예의 신하였던 왕건은 여러 차례 공을 세우며 높은 지위에 올랐어요. 그런데 궁예가 자신을 미륵불이라 부르며 사람들을 함부로 죽이자, 신하들은 궁예를 몰아내고 왕건을 왕으로 세웠어요. 왕이 된 왕건은 국호를 ‘고려’라 했어요. 이 또한 고구려를 계승한다는 의미였지요. 고려는 936년에 후삼국을 통일한 뒤 문화를 발전시키며 번성했어요. 고려는 다양한 나라들과 교류했는데, 이때 고려가 ‘코리아’라는 이름으로 세상에 알려졌어요. ‘코리아’는 현재 대한민국의 영어 이름 Korea의 어원이 되었답니다.

2장

통일 신라와 발해의 발전과 변화

01 삼국을 통일한 신라가 왕권을 강화했어요.

02 (한편) 발해도 발전을 이루었어요.

03 (그런데) 통일 신라가 혼란에 빠졌어요.

04 (그 속에서) 호족이 성장하고 후삼국 시대가 시작됐어요.

01. 삼국을 통일한 신라가 왕권을 강화했어요.

정답과 해설 6쪽

그림으로 만나는
개념

통일 신라의 왕권 강화

신라 29대 왕
태종 무열왕

왕권의 기반 마련

진골 귀족 김춘추가
왕위에 오름

신라 30대 왕
문무왕

삼국 통일

나당 전쟁에 승리하며 삼국을 통일해
왕권을 높임

신라 31대 왕
신문왕

관료전 지급, 녹읍 폐지

관료전을 지급하고 녹읍을 없애
강력한 왕권을 확립함

문장으로 다지는
어휘

태종 무열왕
신라 29대 왕. 최초의 진골 출신 왕이며 나당 동맹을 맺고 백제를 멸망시킴.

문무왕
신라 30대 왕. 고구려를 멸망시킨 뒤 당을 몰아내고 삼국을 통일함.

신문왕
신라 31대 왕. 통치 제도를 정비하고 왕권을 확립함.

관료전
(벼슬**관** 벼슬아치**료** 밭**전**)
통일 신라 때 왕이 관리에게 준 땅. 땅을 경작하는 농민에게 수확량의 일부를 거둘 수 있었음.

녹읍
(봉급**녹** 마을**읍**)
신라 때 왕이 관리에게 준 땅. 땅을 경작하는 농민의 노동력까지 이용할 수 있었음.

신라는 삼국 통일 과정에서 **왕권**을 **강화**하려고 노력했어요.

진골 귀족 김춘추가 왕위에 올라 ☐☐ ☐☐☐이 되면서 왕권의 기반을 닦았어요.

그 뒤 ☐☐☐은 삼국 통일을 달성하면서 왕권을 강화했어요.

신문왕은 관리에게 ☐☐☐을 주고 ☐☐을 없애 강력한 왕권을 확립했어요.

신라는 삼국을 통일하며
점차 강력한 왕권을 확립하고
통치 제도를 정비했어요.

통일 신라의 통치 제도

중앙 정치
집사부

왕의 명령을 집행하는 집사부를 중심으로 운영함

지방 행정
9주 5소경

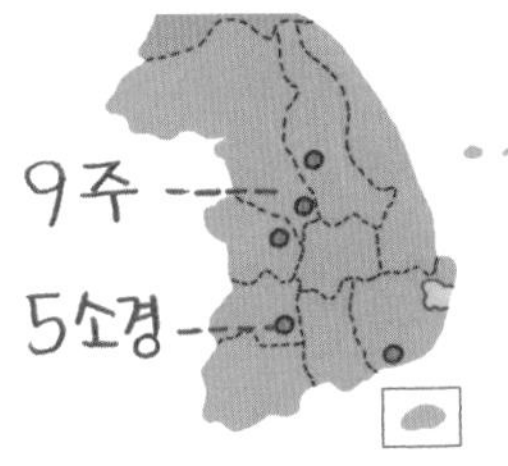

전국을 9주로 나누고 주요 지역에 5소경을 둠

군사
9서당 10정

중앙군으로 9서당, 지방군으로 10정을 둠

집사부
(맡을**집** 일**사** 관청**부**)
신라 때, 왕의 명령을 집행하고 보고하며 중요한 비밀 업무 등을 맡은 부서.

9주
(- 고을**주**)
신라의 최고 지방 행정 구역.

5소경
(- 작을**소** 서울**경**)
지방에 설치한 작은 서울. 도읍인 금성이 동남쪽에 치우친 것을 보완함.

9서당
(- 경계할**서** 깃발**당**)
신라의 중앙군. 도읍인 금성을 지키는 9개의 국왕 직속 부대.

10정
(- 머무를**정**)
신라의 지방군. 주마다 1정씩 배치하고, 국경인 한주에만 2정을 배치함.

통일 신라는 강화된 왕권을 바탕으로 **통치 제도**를 정비했어요.

중앙 정치는 [ ]를 중심으로 운영했어요.

지방은 전국을 [ ]로 나누고 주요 지역에 [ ]을 두었어요.

군사 제도는 중앙군에 [ ]과 지방군에 [ ]을 두었어요.

삼국을 통일한 신라가 왕권을 강화했어요.

▼ 다음 글을 읽고 물음에 답하세요.

통일 신라의 왕권 강화

한반도 동남쪽의 금성에서 시작한 작은 나라였던 신라는 힘을 키우다가 마침내 백제와 고구려를 멸망시키고 삼국을 통일했어요. 신라는 삼국 통일 과정에서 국왕 중심의 국가 체제를 세워 왕권을 강화하려고 노력했어요. 7세기 중반, 삼국 간 경쟁이 치열할 때 당과 동맹을 맺은 신라의 진골 귀족 김춘추는 장군 김유신의 도움으로 왕위에 올라 태종 무열왕이 되었어요. 이후 태종 무열왕의 직계 자손*이 왕위를 이으면서 신라 왕권의 기반을 다져 나갔어요. 태종 무열왕은 백제를 멸망시켰고, 뒤를 이은 문무왕은 고구려를 멸망시켰어요. 그리고 나당 전쟁에서 승리하면서 당을 몰아내고 삼국 통일을 완성했지요. 문무왕은 당의 편에 선 귀족들을 없애며 왕권을 강화했어요.

문무왕의 뒤를 이은 신문왕은 진골 귀족인 김흠돌의 난을 진압했고, 왕에게 맞서던 진골 귀족 세력을 억눌렀어요. 한편 국학을 세워 유학을 장려하고, 왕에게 충성하는 관리를 길러 냈어요. 또한 관리에게는 관료전을 나눠 주고, 녹읍을 없앴어요. 관료전은 관리가 농민에게 일정량의 수확물을 거둘 수 있는 땅이었고, 녹읍은 수확물을 거두면서 농민의 노동력까지 이용할 수 있는 땅으로 진골 귀족의 특권이었지요. 이러한 정책들을 바탕으로 신문왕은 왕권을 굳게 세울 수 있었어요.

통일 신라의 통치 제도

삼국을 통일하고 왕권을 강화하는 과정을 통해, 신라의 통치 제도는 많이 바뀌었어요. 먼저, 나라 전체를 다스리는 중앙 정치 제도가 변했어요. 이제는 왕의 명령을 집행하는 집사부를 중심으로 중앙 정치를 운영하게 되었지요. 또한 진골 귀족만이 아니라 6두품* 층이 중시되며 왕권을 뒷받침해 주었어요.

바르게 읽기

1 이 글의 내용으로 알맞은 것에 ○표, 알맞지 않은 것에 ×표를 하세요.

(1) 태종 무열왕은 삼국을 통일했다. (　　)

(2) 신문왕은 관료전을 없애고 녹읍을 나눠 주었다. (　　)

(3) 5소경은 금성이 동남쪽에 치우쳐 있는 것을 보완했다. (　　)

(4) 9서당에는 옛 백제인, 옛 고구려인, 말갈인까지 함께 있었다. (　　)

신라는 삼국을 통일한 후 넓어진 영토를 다스리기 위해 지방 행정 제도를 정비했어요. 전국을 9주로 나누었는데, 신라와 백제, 고구려의 옛 땅에 각 3주씩을 뒀어요. 각 주 밑에는 군을 두고, 군 밑에는 현을 두고, 그 밑에 가장 작은 구역인 촌을 뒀지요. 군과 현에는 지방관을 보냈지만, 촌에는 그 지방의 토착* 세력에게 촌주*를 맡겨 관리하도록 했어요. 또 각 지방의 중요 지역에 5소경을 설치했어요. 5개의 소경은 신라의 도읍인 금성이 동남쪽에 치우쳐 있는 것을 보완해 주었어요.

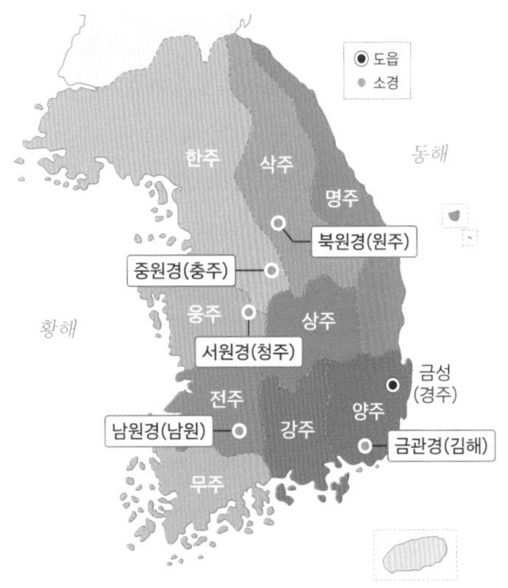

▲ 통일 신라의 9주 5소경

신라는 삼국을 통일한 후 군사 제도 또한 새롭게 바꿨어요. 중앙군으로 9개의 서당, 즉 9서당을 두었는데, 각 서당에는 신라인뿐만 아니라 옛 백제인, 옛 고구려인, 말갈인까지 포함해 민족 융합을 꾀했어요. 그리고 지방군으로는 10개의 정, 즉 10정을 뒀어요. 정은 각 주마다 1개씩을 뒀는데, 국경 지역에 있던 넓은 땅인 한주에만 특별히 2개를 뒀어요.

〈낱말 풀이〉 **직계 자손** 핏줄이 아버지, 아들, 손자 등으로 직접 이어져 있는 후손.
6두품 신라의 신분제인 골품제에서 진골 바로 밑 계급이자, 두품 중 가장 높은 계급.
토착 대대로 그 땅에 살고 있음.
촌주 신라에서 촌의 우두머리에게 준 벼슬.

연결하여 읽기 **2** **통일 신라의 통치 제도로 알맞은 것을 선으로 연결하세요.**

(1) 군사 제도 • • ㉠ 집사부

(2) 중앙 정치 제도 • • ㉡ 9주 5소경

(3) 지방 행정 제도 • • ㉢ 9서당 10정

자세히 읽기

3 통일 신라의 왕권 강화 과정에서 이루어진 일로 알맞지 <u>않은</u> 것을 고르세요. (   )

① 문무왕이 당의 편에 선 귀족들을 없앴다.
② 태종 무열왕의 직계 자손이 왕위를 이었다.
③ 신문왕이 관리들에게 관료전을 나눠 주었다.
④ 문무왕이 진골 귀족인 김흠돌의 난을 진압했다.
⑤ 신문왕이 국학을 세워 왕에게 충성하는 관리를 길러 냈다.

깊이 읽기

4 이 글과 〈보기〉를 읽고, 통일 신라 통치 제도의 특징으로 알맞지 <u>않은</u> 것을 고르세요. (   )

〈보기〉

중앙 정치 제도

집사부를 중심으로 중앙 정치를 운영하고, 옛 백제인과 옛 고구려인에게 벼슬을 주었습니다.

지방 행정 제도

삼국 통일 이후 전국을 9주로 나눌 때 신라와 백제, 고구려의 옛 땅에 각 3주씩을 뒀습니다.

군사 제도

중앙군으로 9서당을 두었는데, 각 서당에는 신라인뿐만 아니라 옛 백제인, 옛 고구려인, 말갈인까지 포함했습니다.

① 통치 제도를 통해 민족 융합을 꾀했다.
② 중앙군인 9서당에 다양한 민족을 포함했다.
③ 옛 백제인과 옛 고구려인에게도 벼슬을 주었다.
④ 삼국의 옛 땅에 각 3주씩을 두어 9주를 만들었다.
⑤ 전국을 9주로 나눌 때 각 주의 크기를 똑같이 만들었다.

구조로 정리하기 **5** **다음 구조도를 보며 이 글의 내용을 정리해 보고, 빈칸에 알맞은 말을 쓰세요.**

통일 신라의 왕권 강화
진골 귀족 김춘추가 태종 무열왕이 됨. ↓ 문무왕이 삼국 통일로 왕권을 강화함. ↓ [ ] 이 관료전을 주고 녹읍을 없애는 등 왕권을 확립함.

통일 신라의 통치 제도	
중앙 정치	- 왕의 명령을 집행하는 [ ]를 중심으로 운영됨.
지방 행정	- 전국을 [ ]로 나눔. - 중요 지역에 5소경을 둠.
군사	- 중앙군으로 [ ]을 둠. - 지방군으로 10정을 둠.

서술형 쓰기 **6** **이 글과 다음 지도를 보고, 물음에 답하세요.**

(1) 신라의 도읍을 지도에서 찾아 ◯표 하세요.

(2) 통일 신라 때 5소경을 설치해 얻은 효과를 쓰세요.

5개의 소경은

02. 한편 발해도 발전을 이루었어요.

정답과 해설 7쪽

그림으로 만나는 **개념**

발해의 성장과 발전

발해 2대 왕 **무왕** — **영토 확장**

발해 3대 왕 **문왕** — **당과 교류**

발해 10대 왕 **선왕** — **발해의 전성기**

북만주까지 영토를 넓힘

당과 친선 관계를 맺음

당은 전성기를 맞은 발해를 '해동성국'이라 부름

문장으로 다지는 **어휘**

무왕
발해 2대 왕. 대조영을 이어 발해의 영토를 확장하고 당을 공격함.

문왕
발해 3대 왕. 당과 친선 관계를 맺고 당의 문물을 받아들였으며 통치 체제를 정비함.

선왕
발해 10대 왕. 발해의 혼란을 바로잡은 뒤 최대 영토를 확보하며 발해의 전성기를 이끎.

해동성국 (바다**해** 동쪽**동** 성대할**성** 나라**국**)
'바다 동쪽의 번성한 나라'라는 뜻으로, 당이 발해를 가리켜 부른 이름.

한반도 북쪽에서는 **발해**가 크게 발전하고 있었어요.

[ ][ ]은 북만주까지 영토를 크게 넓히면서 당과 대립했어요.

뒤를 이은 [ ][ ]은 당과 친선 관계를 맺고 당의 문물을 받아들였어요.

9세기 초 [ ][ ]은 발해의 전성기를 이끌었고 당은 발해를 '[ ][ ][ ][ ]'이라 불렀어요.

대조영이 고구려를 계승하면서 세운 발해는 영토를 넓히며 통치 제도를 정비했고 전성기에는 '해동성국'이라고 불렸어요.

발해의 통치 제도

중앙 정치
3성 6부

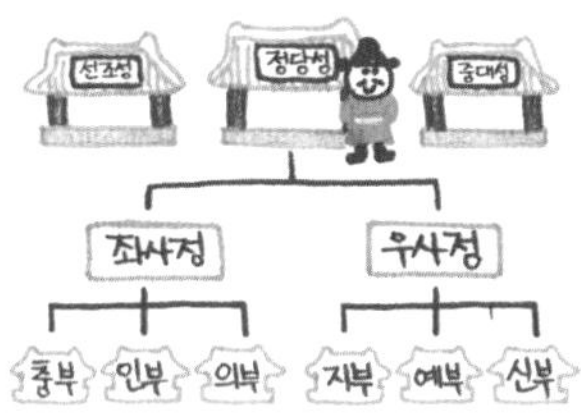

정당성을 중심으로 운영하고 6부가 행정을 맡음

지방 행정
5경 15부 62주

전국을 5경 15부 62주로 정비함

군사
10위

중앙군으로 10위를 둠

3성 6부 (-관청**성** -관청**부**)
발해의 중앙 정치 제도. 당의 제도를 본떴으나, 발해의 상황에 맞게 이름과 운영 방식을 바꿈.

정당성 (정치**정** 집**당** 관청**성**)
발해의 중앙 정치 핵심 부서. 아래에 6부를 두어 행정을 총괄함.

5경 15부 62주 (- 서울**경** - 도시**부** - 고을**주**)
발해의 지방 행정 제도. 5경을 중요 지역에 설치하고 15부로 지방을 나눔. 15부 밑에 62개 주를 둠.

10위 (- 지킬**위**)
발해의 중앙군. 10개의 군부대로 운영되며 왕궁과 도읍의 경비를 담당함.

발해는 당의 제도를 본떠 중앙 정치 조직을 ☐☐ ☐☐로 꾸렸어요.

그러나 발해의 상황에 맞게 ☐☐☐을 중심으로 운영했어요.

또한 발해는 넓은 영토를 잘 다스리려고 전국을 ☐☐ ☐☐☐ ☐☐☐로 정비했어요.

그리고 중앙군으로 ☐☐☐를 두어 왕궁과 도읍을 지키게 했어요.

발해도 발전을 이루었어요.

▼ 다음 글을 읽고 물음에 답하세요.

발해의 성장과 발전

대조영과 고구려 유민이 698년 동모산에 도읍하여 세운 발해는 계속 발전했어요. 점점 영토를 넓히면서 여러 제도를 다듬었고, 고구려 옛 땅도 대부분 되찾았지요. 대조영의 뒤를 이은 무왕은 당의 연호*를 따르지 않고 발해만의 연호를 사용했어요. 또한 동북쪽으로 북만주까지 영토를 넓혔고, 당의 산둥반도를 공격했어요. 발해는 이렇게 영토를 넓히면서도 돌궐*, 일본과는 친선 관계를 맺으며 당과 신라를 견제했어요.

무왕의 뒤를 이은 문왕은 당과 관계를 개선했어요. 문왕은 당에 사신을 보내 친선 관계를 맺고 당의 제도를 받아들였지요. 그러면서 도읍을 상경*으로 옮기고 통치 체제를 정비했어요. 또한 교통로를 만들어 남쪽의 통일 신라와도 교류했어요.

그 후 9세기 초 선왕 때 발해는 전성기를 맞았어요. 선왕은 서쪽으로는 요동에 진출하고 동쪽으로는 연해주 지역을 차지했으며 남쪽으로는 대동강 북쪽까지 진출해 신라와 맞닿았어요. 이렇게 고구려 옛 땅 대부분을 되찾고 발해의 최대 영토를 확보했지요. 이 무렵 전성기를 맞이한 발해를 당은 '바다 동쪽의 번성한 나라'라는 뜻에서 '해동성국'이라고 불렀어요.

▲ 발해의 전성기 영토

발해의 통치 제도

문왕 때 당의 제도를 받아들인 발해는 중앙 정치 조직을 3성 6부로 만들었어요. 그러나 당의 3성 6부를 본뜨면서도, 발해의 상황에 맞춰 이름과 운영 방식을 바꿨

바르게 읽기 **1** **이 글의 내용으로 알맞은 것에 ○표, 알맞지 않은 것에 ×표를 하세요.**

(1) 무왕은 발해만의 연호를 사용했다. ( )

(2) 문왕은 당의 산둥반도를 공격했다. ( )

(3) 발해의 3성 6부는 당의 제도를 그대로 받아들인 것이다. ( )

(4) 발해의 주와 현에는 지방관을 보냈고, 촌락은 수령이 관리하도록 했다. ( )

어요. 발해는 당과 달리 3성 가운데 정당성을 중심으로 정치를 운영했어요. 그리고 정당성 밑에 6개의 부를 두어 행정 실무를 맡게 했어요. 6부의 이름은 유교에서 강조하는 덕목인 '충·인·의·지·예·신'에서 따왔어요.

발해는 넓은 땅을 효율적으로 다스리기 위해 전국을 15개의 부로 나누었어요. 부 밑에는 주를 두고 주 아래에는 현을 두었으며, 주와 현에는 지방관을 보냈지요. 각 부 밑에는 여러 개의 주가 있었는데, 선왕 때는 15개의 부와 62개의 주, 200여 개의 현이 있었어요. 가장 작은 행정 구역인 촌락은 수령이라 불리는 지방 세력가에게 맡겨 관리하도록 했어요. 또한 나라의 중요한 곳에 5경을 설치했는데, 5경은 15부 중의 5부와 겹쳐 있었어요. 5경에는 발해의 도읍이 된 곳들도 있었답니다.

발해의 군사 제도는 중앙군과 지방군으로 나뉘었어요. 중앙군으로는 10개의 부대인 10위를 두어 왕궁과 도읍을 지키게 했어요. 지방의 중요한 지역과 국경에는 따로 지방군을 두었어요.

발해의 멸망

한때 해동성국이라 불리며 번성했던 발해는 9세기 말부터 권력 다툼이 일어나 힘이 약해졌어요. 그리고 힘을 키운 유목 민족 거란의 공격을 막아 내지 못하고 결국 멸망하고 말았어요(926).

〈낱말 풀이〉 **연호** 왕이 왕의 자리에 오르고부터 물러날 때까지의 기간에 이름을 붙여 연도를 나타내는 방법.
돌궐 6세기 중엽에 일어나 당과 다툰 유목 민족.
상경 발해 때에 둔 5경의 하나. 가장 오랫동안 발해의 도읍이 됨.

연결하여 읽기 **2** **발해의 통치 제도로 알맞은 것을 선으로 연결하세요.**

(1) 군사 제도 • • ㉠ 3성 6부

(2) 중앙 정치 제도 • • ㉡ 5경 15부 62주

(3) 지방 행정 제도 • • ㉢ 중앙군 10위와 지방군

자세히 읽기

3 **발해의 성장과 발전 과정에 대한 설명으로 알맞지 <u>않은</u> 것을 고르세요.** (　　　)

① 무왕은 당의 제도를 받아들였다.

② 무왕은 일본과 친선 관계를 맺었다.

③ 문왕은 교통로를 만들어 통일 신라와 교류했다.

④ 선왕 때 당에서는 발해를 '해동성국'이라고 불렀다.

⑤ 선왕은 고구려 옛 땅 대부분을 되찾아 발해의 최대 영토를 확보했다.

깊이 읽기

4 **이 글과 〈보기〉를 읽고, 발해의 중앙 정치 제도에 대한 설명으로 알맞지 <u>않은</u> 것을 고르세요.** (　　　)

〈보기〉

발해와 당의 중앙 정치 제도

발해는 당의 3성 6부를 받아들였으나 3성인 중서성, 상서성, 문하성은 각각 중대성, 정당성, 선조성으로 이름을 바꾸었습니다. 또한 당에서는 정책을 집행하는 상서성이 중서성과 문하성의 통제를 받았지만, 발해에서는 정책을 집행하는 정당성을 중심으로 운영했습니다.

황제
중서성 정책 수립
상서성 정책 집행
문하성 정책 심의
이부 관리 인사
호부 호적, 재정
예부 외교, 교육
병부 군사
형부 사법
공부 토목, 건축

▲ 당의 3성 6부

왕
중대성 정책 수립
정당성 정책 집행
선조성 정책 심의
좌사정
우사정
충부 관리 인사
인부 호적, 재정
의부 외교, 교육
지부 군사
예부 사법
신부 토목, 건축

▲ 발해의 3성 6부

① 발해의 6부 이름은 유교 덕목에서 따왔다.

② 발해와 당의 3성 6부는 운영 방식이 같았다.

③ 발해는 3성 가운데 정당성을 중심으로 운영했다.

④ 발해의 중앙 정치 제도는 당의 3성 6부를 본떴다.

⑤ 발해의 정당성 아래 6개의 부는 행정 실무를 맡았다.

구조로 정리하기 **5** **다음 구조도를 보며 이 글의 내용을 정리해 보고, 빈칸에 알맞은 말을 쓰세요.**

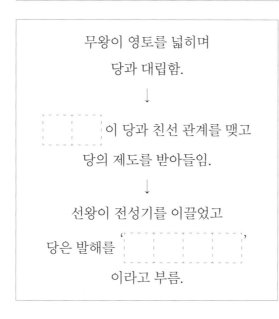

발해의 성장과 발전
무왕이 영토를 넓히며 당과 대립함. ↓ [ ] [ ] 이 당과 친선 관계를 맺고 당의 제도를 받아들임. ↓ 선왕이 전성기를 이끌었고 당은 발해를 '[ ] [ ] [ ] [ ]' 이라고 부름.

발해의 통치 제도	
중앙 정치	- [ ] [ ] [ ] 을 중심으로 운영함. - 6부가 행정 실무를 맡음.
지방 행정	- 전국을 5경 15부 62주로 편성함.
군사	- 중앙군 [ ] [ ] [ ] 를 둠.

서술형 쓰기 **6** **이 글과 다음 지도를 보고, 물음에 답하세요.**

(1) 선왕 때 진출한 영역을 지도에서 찾아 쓰세요.

서쪽 : ㉠ ____________________

동쪽 : ㉡ ____________________

남쪽 : ㉢ ____________________

(2) 선왕 때 전성기를 맞이한 발해를 당에서는 어떻게 불렀는지 쓰세요.

당은 발해를

---

03. 그런데 통일 신라가 혼란에 빠졌어요.

정답과 해설 8쪽

그림으로 만나는 **개념**

흔들리는 신라 사회

780년
혜공왕의 죽음

진골 귀족 간의 왕위 다툼

822년
김헌창의 난

장보고의 난

왕권이 흔들리기 시작함

정치적 혼란이 심해짐

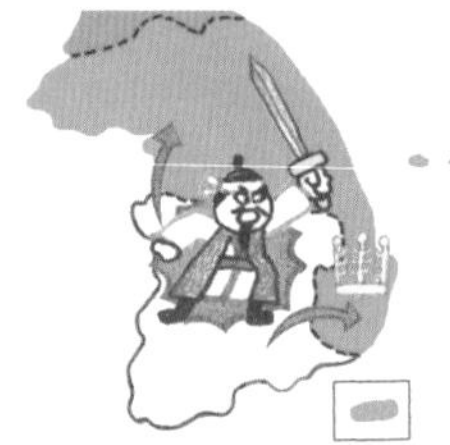

진골 귀족인 김헌창이 지방에서 난을 일으킴

군인인 장보고가 청해진에서 난을 일으킴

문장으로 다지는 **어휘**

혜공왕
신라 36대 왕. 어린 나이에 왕이 됐으나 반란으로 살해 당함.

진골 (참진 뼈골)
신라의 신분 제도인 골품제 속 둘째 등급. 첫째 등급인 성골의 대가 끊기며 가장 높은 계급이 됨.

김헌창
통일 신라의 진골 귀족. 아버지가 왕이 되지 못한 것에 불만을 품고 웅천주 지방에서 반란을 일으킴.

장보고
통일 신라의 군인. 완도에 군사 기지 청해진을 세우고 힘을 키움. 왕위 다툼에 끼어들었다가 반란을 일으킴.

통일 신라는 진골 귀족의 반란으로 [ ][ ][ ]이 죽으면서 흔들리기 시작했어요.

이후 [ ][ ] 귀족 간의 왕위 다툼이 이어지며 정치적 혼란이 심해졌어요.

그러던 중 진골 귀족 [ ][ ][ ]이 일으킨 반란에 여러 지방 세력이 함께했어요.

군사 기지인 청해진에서도 [ ][ ][ ]가 난을 일으켰어요.

삼국 통일 후 강력한 왕권을 확립했던 신라는 신라 말에 접어들면서 지배층의 권력 다툼으로 정치가 혼란해졌고 분노한 농민들이 곳곳에서 봉기를 일으켰어요.

신라 말 사회 상황

농민 봉기

원종 · 애노의 난

세금으로 힘들어진 농민들이 봉기를 일으킴

새로운 사상의 유행

선종

내면의 깨달음을 강조함

풍수지리설

지방의 중요성을 강조함

원종 · 애노의 난
889년 사벌주에서 원종과 애노가 농민을 이끌고 일으킨 반란.

농민 봉기
(- 떼지을**봉** 일어날**기**)
농민들이 떼 지어 곳곳에서 들고 일어나는 일.

선종 (좌선할**선** 교파**종**)
신라 말에 유행했던 불교 종파. 불교 경전 속 가르침이 아닌 개인의 수양과 깨달음을 강조함.

풍수지리설
(바람**풍** 물**수** 땅**지** 이치**리** 말씀**설**)
산과 땅의 모양과 방향, 물의 흐름 등이 인간의 삶에 영향을 끼친다는 사상.

신라 말, 정부의 과도한 세금에 참다 못해 [ ][ ]·[ ][ ][ ] [ ]이 일어났어요.

이를 시작으로 [ ][ ] [ ][ ]가 전국으로 퍼지면서 온 나라가 혼란에 빠졌어요.

한편, 신라 말에는 내면의 깨달음을 강조하는 불교 종파인 [ ][ ]이 유행했어요.

이와 더불어 [ ][ ][ ][ ][ ]이 유행하여 지방의 중요성이 강조되었어요.

통일 신라가 혼란에 빠졌어요.

▼ 다음 글을 읽고 물음에 답하세요.

흔들리는 신라 사회

신라는 676년 삼국을 통일하고 신문왕이 강력한 왕권을 확립해 번영을 누렸어요. 하지만 이렇게 안정되었던 신라가 8세기 후반부터 흔들리기 시작했어요. 780년, 어린 나이에 왕이 된 혜공왕이 진골 귀족들의 세력 다툼 가운데 죽임을 당하는 사건이 벌어졌어요. 이후 진골 귀족 사이의 왕위 다툼이 끊이지 않았고, 그렇게 150여 년 동안 20명의 왕이 바뀌면서 신라의 정치적 혼란이 심해졌어요.

왕위 다툼이 오랫동안 계속되는 중에 지방에서도 반란이 일어났어요. 웅천주(공주) 지방에서는 김헌창이 난을 일으켰어요(822). 김헌창은 웅천주 도독* 자리에 있던 진골 귀족이었는데, 자신의 아버지가 왕이 되지 못한 것에 불만을 품고 반란을 일으켰지요. 다른 지방 세력들도 김헌창의 난에 함께했지만, 성공하지는 못했어요.

이후 청해진(완도)에서도 장보고가 난을 일으켰어요. 장보고는 군사 기지인 청해진을 만들어 해적을 없애고 해상 무역을 하며 힘을 키운 군인이었어요. 지방에서 큰 힘을 가지고 있었던 장보고는 신라의 왕위 다툼에도 끼어들었지요. 그러던 중 자신의 딸이 왕비가 되지 못한 것에 불만을 가지고 난을 일으켰어요. 장보고가 암살당하며 난은 실패했지만, 지방의 반란들로 신라의 정치적 혼란은 더욱 심해졌어요.

▲ 신라 말 지방 반란과 봉기

바르게 읽기

1 이 글의 내용으로 알맞은 것에 ○표, 알맞지 않은 것에 ×표를 하세요.

(1) 혜공왕이 죽은 뒤 왕위 다툼이 멈추었다. ( )

(2) 진골 귀족 김헌창은 금성에서 난을 일으켰다. ( )

(3) 원종·애노의 난이 일어난 뒤 전국에서 농민 봉기가 일어났다. ( )

(4) 신라 말에 선종과 풍수지리설 같은 새로운 사상이 널리 퍼졌다. ( )

정치가 혼란해진 틈을 타 귀족들은 왕의 통제에서 벗어나 농민들을 가혹하게 수탈*했어요. 게다가 지진, 홍수, 가뭄 등이 잇따라 일어났어요. 수탈과 자연재해에 시달리던 농민들의 삶은 더욱 어려워졌어요. 그런데 나라에서 관리를 보내 세금을 내라고 재촉하는 일이 벌어지면서 농민들의 분노가 폭발했어요. 889년 사벌주(상주)에서 나라에서 걷는 가혹한 세금에 맞서 원종·애노의 난이 일어난 뒤 온 나라에서 농민 봉기가 이어졌어요. 하지만 신라 정부가 전국적으로 일어난 농민 봉기에 제대로 대처하지 못하면서 온 나라가 혼란에 빠졌어요.

농민 봉기

신라 말의 혼란 속에서 선종과 풍수지리설 같은 새로운 사상이 널리 퍼졌어요. 불교 종파의 하나인 선종은 교종*과 달리 개인의 수양과 내면의 깨달음을 강조하며 백성들의 호응을 얻었어요. 그리고 선종 승려인 도선이 주장한 풍수지리설은 산이나 강의 생김새가 인간의 삶에 영향을 미친다는 사상이었어요. 이러한 풍수지리설은 도읍인 금성 중심의 생각에서 벗어나 지방의 중요성을 일깨웠어요.

새로운 사상의 유행

선종과 풍수지리설은 지방에서 새롭게 성장한 호족 세력의 사상적 밑받침이 되었어요. 호족들은 선종을 따르는 절을 후원하여 백성들의 마음을 얻었고, 풍수지리설을 이용해 자신의 땅이 금성을 대신할 곳이라고 외쳤지요. 그러면서 호족들은 새로운 사회를 세우려고 했답니다.

〈낱말 풀이〉 **도독** 통일 신라 때 각 주의 으뜸 벼슬.
수탈 강제로 빼앗음.
교종 부처의 가르침을 정리한 책인 불교 경전에 대한 연구를 중요하게 여기는 불교의 종파.

연결하여 읽기 **2** **다음 사건들을 일어난 순서에 맞게 번호를 쓰세요.**

(1) 김헌창의 난이 일어났으나 실패했다.

(2) 장보고가 청해진에서 난을 일으켰다.

(3) 원종·애노가 사벌주에서 난을 일으켰다.

(4) 혜공왕이 진골 귀족들의 세력 다툼 가운데 죽임을 당했다.

(   ) → (   ) → (   ) → (   )

자세히 읽기

3 신라 말의 혼란에 대한 설명으로 알맞지 않은 것을 고르세요. (　　　)

① 혜공왕이 죽은 뒤 왕위 다툼이 계속 일어났다.

② 혼란 속에서 선종과 풍수지리설이 널리 퍼졌다.

③ 힘을 키운 장보고는 왕위 다툼에도 끼어들었다.

④ 귀족들의 수탈과 자연재해로 농민들의 삶은 더욱 어려워졌다.

⑤ 신라 정부는 전국적으로 일어난 농민 봉기에 제대로 대처했다.

깊이 읽기

4 이 글과 〈보기〉를 읽고, 신라 말 사회 상황으로 알맞지 않은 것을 고르세요. (　　　)

〈보기〉

신라 말 진골 귀족의 생활 모습

귀족의 집에 곡식과 재물이 끊이지 않고, 노비가 3,000명이나 되고, 병사와 소, 말, 돼지도 이에 맞먹는다. 곡식을 남에게 빌려주고 다 갚지 못하면 노비로 삼아 일을 시킨다.
-『신당서』

신라 말 백성의 생활 모습

세금을 바치지 않아서 나라 살림이 부족해져 왕이 관리를 보내어 세금을 내도록 재촉하니 곳곳에서 사람들이 들고일어났다. 이때 원종과 애노는 사벌주에서 반란을 일으켰다.
-『삼국사기』

① 귀족은 호화로운 삶을 살고 있었다.

② 귀족들은 왕의 통제에서 벗어나 농민들을 수탈했다.

③ 원종·애노의 난이 일어나면서 혜공왕이 죽임을 당했다.

④ 귀족에게 빌린 곡식을 갚지 못한 백성은 노비가 되기도 했다.

⑤ 나라에서 걷는 가혹한 세금에 맞서 원종·애노의 난이 일어났다.

구조로 정리하기 **5** **다음 구조도를 보며 이 글의 내용을 정리해 보고, 빈칸에 알맞은 말을 쓰세요.**

흔들리는 신라 사회	신라 말 사회 상황	
	농민 봉기	새로운 사상의 유행
[ ][ ][ ]이 죽으면서 왕권이 흔들리기 시작함(780). ↓ 진골 귀족 간의 왕위 다툼이 이어지며 정치적 혼란이 심해짐. ↓ 진골 귀족 [ ][ ][ ]이 웅천주 지방에서 난을 일으킴(822). ↓ 군인인 장보고가 청해진에서 난을 일으킴.	- 원종·애노의 난이 일어남. → 농민 봉기가 전국으로 퍼짐.	- [ ][ ]: 개인의 수양과 내면의 깨달음을 강조함. - 풍수지리설: 지방의 중요성을 일깨움.

서술형 쓰기 **6** **이 글과 다음 지도를 보고, 물음에 답하세요.**

(1) 원종·애노의 난이 일어난 곳을 지도에서 찾아 ○표 하세요.

(2) 원종·애노의 난이 일어난 뒤 신라의 상황을 쓰세요.

신라 정부가 전국적으로 일어난

04. 그 속에서 호족이 성장하고 후삼국 시대가 시작됐어요.

정답과 해설 9쪽

그림으로 만나는
개념

신라 말 새로운 세력의 성장

호족

지방에서 독자적인 세력을
키운 호족이 성장함

6두품

6두품이 골품제를 비판하고
일부는 호족과 손을 잡음

문장으로 다지는
어휘

호족 (우두머리**호** 무리**족**)
통일 신라 말 지방에서 경제력, 군사력 등을 바탕으로 성장한 독자적인 세력.

골품제 (뼈**골** 등급**품** 법**제**)
사람을 혈통에 따라 나눈 신라의 신분 제도. 태어나면서부터 신분이 나뉘었고 신분에 따른 차별이 있었음.

6두품 (- 머리**두** 등급**품**)
신라의 골품 중 진골 바로 밑의 계급. 두품 중에서는 가장 높은 등급이었지만 진골에 비해 높은 관직에 오를 수 없었음.

신라 말 중앙 정부의 통제가 약해지며 **새로운 세력**이 등장했어요.

지방에서는 독자적인 세력을 키운 [ ][ ]이 성장했어요.

한편 **6두품** 세력은 [ ][ ][ ]를 비판하며 개혁을 주장했어요.

[ ][ ][ ] 세력 일부는 호족과 손을 잡고 새로운 사회를 만들고자 했어요.

신라가 혼란에 빠지면서
호족 등 새로운 세력이 등장했고
후백제와 후고구려가 세워지며 후삼국 시대가 시작됐어요.

후삼국 시대의 성립

900년
후백제 건국

견훤이 완산주에 도읍하여
나라를 세움

901년
후고구려 건국

궁예가 송악에 도읍하여
나라를 세움

후삼국 시대

통일 신라가 다시
삼국으로 나뉨

후백제
견훤이 900년에 옛 백제 지역인 완산주에 도읍하여 세운 나라.

후고구려
궁예가 901년에 고구려 계승을 외치며 송악에 도읍하여 세운 나라.

후삼국 시대
삼국을 통일했던 신라가 후백제와 후고구려로 나뉜 시대.

호족 가운데 새로운 나라를 세운 사람들이 나타났어요.

먼저 견훤이 완산주에 도읍하여 [ ][ ][ ]를 세웠어요.

다음으로 궁예가 송악에 도읍하여 [ ][ ][ ][ ]를 세웠어요.

이로써 통일 신라가 다시 삼국으로 나뉜 [ ][ ][ ] 시대가 시작됐어요.

호족이 성장하고 후삼국 시대가 시작됐어요.

▼ 다음 글을 읽고 물음에 답하세요.

신라 말 새로운 세력의 성장

삼국을 통일하고 왕권을 확립해 안정되었던 통일 신라가 8세기 후반부터 계속되는 왕위 다툼과 반란으로 흔들리기 시작했어요. 이에 더해 온 나라에서 일어난 농민 봉기 때문에 신라는 큰 혼란에 빠졌지요. 이러한 혼란 속에서 새로운 세력이 성장했어요.

중앙 정부의 지방 통제력이 약해지면서 여러 지역에서 호족이 힘을 키웠어요. 호족은 지방에서 경제력, 군사력 등을 바탕으로 성장한 독자적인 세력이에요. 호족 중에는 그 지역에서 대대로 살면서 힘을 가지고 있던 토착 세력인 촌주* 출신이 많았어요. 이에 더해 중앙에서 지방으로 내려온 진골 귀족 출신 호족도 있었지요. 뿐만 아니라 군사력을 가진 군인 출신이나, 해상 무역으로 돈을 벌면서 성장한 호족도 있었어요. 호족들은 자신의 땅에 성을 쌓고 스스로를 성주나 장군이라 부르며 백성을 다스렸어요.

이런 호족과 손을 잡은 것은 6두품 세력이었어요. 6두품은 신라에서 진골 귀족 다음으로 높은 신분이었지만, 골품제 때문에 차별을 받고 있었지요. 신라는 골품제 사회였기 때문에 진골 귀족이 아닌 6두품, 5두품 등은 올라갈 수 있는 관직이 정해져 있었어요. 이에 불만을 품은 6두품은 개인의 능력보다 혈통을 중요하게 여기는 골품제를 비판했어요. 특히 당에서 관직을 얻을 정도로 실력이 뛰어났던 6두품 최치원도 진성 여왕에게 개혁안을 올리는 등 여러 개혁을 주장했어요. 하지만 진골 귀족의 반대로 6두품이 주장한 개혁은 이루어지지 않았어요. 이에 실망한 6두품 중 몇몇이 호족과 손잡고 새로운 나라를 만들려 했어요.

바르게 읽기 **1** **이 글의 내용으로 알맞은 것에 ○표, 알맞지 않은 것에 ×표를 하세요.**

(1) 신라 말 여러 지역에서 호족이 성장했다. (　　)

(2) 6두품은 진골 귀족의 반대를 이겨 내고 개혁을 성공시켰다. (　　)

(3) 견훤은 옛 백제 땅인 완산주를 도읍으로 하여 후백제를 세웠다. (　　)

(4) 궁예는 여러 호족과 함께 송악을 도읍으로 하여 후고구려를 세웠다. (　　)

후삼국 시대의 성립

이러한 신라 말의 사회 혼란을 틈타 견훤과 궁예가 새로운 나라를 세우기에 이르렀어요. 서남 해안을 지키던 군인이었던 견훤은 완산주(전주)를 도읍으로 하여 후백제를 세웠어요(900). 견훤은 옛 백제 땅인 완산주에서 백제 부흥을 내세웠고 전라도와 충청도 등 옛 백제 땅을 차지했어요.

한편, 신라의 왕족 출신으로 알려진 궁예는 북원(원주)의 호족인 양길의 밑에서 힘을 키워 자신만의 세력을 얻었어요. 이후 궁예는 왕건*을 포함한 여러 호족과 함께 송악을 도읍으로 하여 후고구려를 세웠어요(901). 궁예는 고구려의 원수를 갚겠다고 외치며 고구려 계승을 내세웠고 경기도와 강원도 일대를 차지했어요. 이후 궁예는 철원으로 도읍을 옮기고 나라 이름도 태봉으로 고쳐 황해도까지 진출하며 세력을 넓혔어요.

▲ 후삼국의 성립

후백제와 후고구려가 세워지면서 신라의 영토는 도읍인 금성이 있는 경상도 일대로 줄어들었어요. 그렇게 한반도가 다시 삼국으로 나뉘며 후삼국 시대가 시작됐어요.

〈낱말 풀이〉 **촌주** 신라에서 촌의 우두머리에게 준 벼슬.
왕건 송악의 호족. 이후 고려를 세움.

연결하여 읽기 **2** **다음 인물들에 대한 설명으로 알맞은 것을 선으로 연결하세요.**

(1) 견훤 • • ㉠ 개혁을 주장함.

(2) 궁예 • • ㉡ 백제 부흥을 내세움.

(3) 최치원 • • ㉢ 고구려의 원수를 갚겠다고 외침.

자세히 읽기 **3** **신라 말 호족의 성장에 대한 설명으로 알맞지 않은 것을 고르세요.** (　　　)

① 견훤은 군인 출신 호족이었다.

② 촌주 출신 호족은 많지 않았다.

③ 지방으로 내려온 진골 귀족 출신 호족도 있었다.

④ 중앙 정부의 지방 통제력이 약해지면서 호족이 성장했다.

⑤ 호족은 스스로를 성주나 장군이라 부르며 백성을 다스렸다.

깊이 읽기 **4** **이 글과 〈보기〉를 읽고, 신라 말 6두품에 대한 설명으로 알맞은 것을 고르세요.** (　　　)

〈보기〉

6두품이었던 최치원은 당의 과거 시험인 빈공과에 합격해 당의 관리가 되었습니다. 그리고 신라로 돌아와 진성 여왕에게 개혁안을 올렸으나 받아들여지지 않았습니다. 그 뒤 최치원은 벼슬에서 물러나 가야산, 지리산 등으로 돌아다녔습니다.

최치원과 친척뻘인 최승우도 마찬가지로 빈공과에 합격했습니다. 그는 당에서 벼슬을 하다 신라가 아닌 후백제로 갔습니다. 그리고 견훤과 함께 후백제를 위해 일하였습니다.

① 6두품은 당에서 벼슬을 할 수 없었다.

② 6두품인 최승우는 후고구려를 위해 일했다.

③ 6두품은 진골 귀족과 함께 개혁을 이루었다.

④ 6두품인 최치원이 건의한 개혁은 받아들여졌다.

⑤ 6두품은 능력보다 혈통을 중요하게 여기는 골품제를 비판했다.

구조로 정리하기 **5** **다음 구조도를 보며 이 글의 내용을 정리해 보고, 빈칸에 알맞은 말을 쓰세요.**

신라 말 새로운 세력의 성장		후삼국 시대의 성립
호족의 성장	6두품의 개혁 주장	
- 신라 정부의 통제가 약해짐. → 지방에서 세력을 키운 ☐☐이 성장함.	- 혈통 중심의 ☐☐☐를 비판함. → 호족과 손잡고 새로운 나라를 만들려 함.	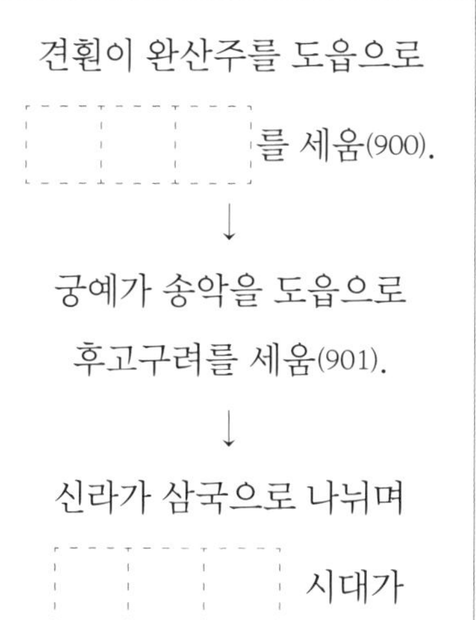

서술형 쓰기 **6** **이 글과 다음 지도를 보고, 물음에 답하세요.**

(1) 후고구려와 후백제가 세워지며 영토가 줄어든 나라의 영역을 지도에서 찾아 ////// 표 하세요.

(2) 지도에 나타난 당시 한반도의 상황을 쓰세요.

한반도가 다시 ______________________________

______________________________ 시대가 시작됐습니다.

2장 통일 신라와 발해의 발전과 변화

통일 신라의 발전

신라 29대 왕
태종 무열왕

왕권의 기반 마련

신라 30대 왕
문무왕

삼국 통일

신라 31대 왕
신문왕

① [ ] 지급, 녹읍 폐지

통일 신라 때 왕이 관리에게 준 땅. 땅을 경작하는 농민에게 수확량의 일부를 거둘 수 있었음.

통일 신라의 체제 정비

중앙 정치

① [ ]

신라 때, 왕의 명령을 집행하고 보고하며 중요한 비밀 업무 등을 맡은 부서.

지방 행정

② [ ] 5소경

신라의 최고 지방 행정 구역.

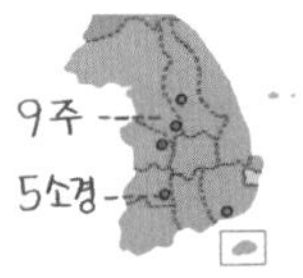

군사

9서당, 10정

흔들리는 신라

780년

혜공왕의 죽음

진골 귀족 간의 왕위 다툼

① [ ]의 성장

통일 신라 말 지방에서 경제력, 군사력 등을 바탕으로 성장한 독자적인 세력.

발해의 발전

발해 2대 왕
무왕

영토 확장

발해 3대 왕
문왕

당과 교류

발해 10대 왕
선왕

① ☐☐ 의 전성기

대조영이 698년에 동모산에 도읍하여 세운 나라.

발해의 체제 정비

중앙 정치

① ☐☐ ☐☐

발해의 중앙 정치 제도.

지방 행정

5경 15부 62주

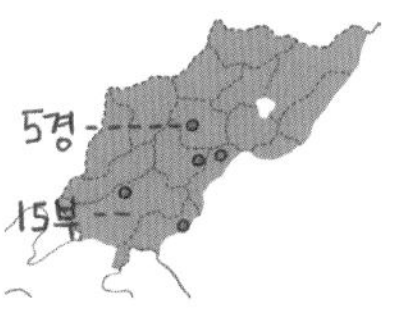

군사

② ☐☐☐

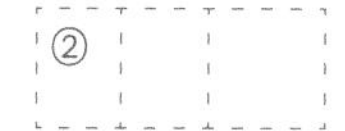

발해의 중앙군. 왕궁과 도읍의 경비를 담당함.

후삼국 시대

900년

① ☐☐☐ 건국

견훤이 900년에 옛 백제 지역인 완산주에 도읍하여 세운 나라.

901년

후고구려 건국

② ☐☐☐☐☐

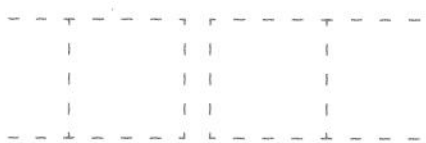

삼국을 통일했던 신라가 후백제와 후고구려로 나뉜 시대.

▼ 빈칸에 알맞은 말을 쓰세요. / 정답과 해설 10쪽

탐구 주제 1 통일 이후 신라는 왜 통치 제도를 정비했을까?

〈자료 1〉 통일 신라의 통치 제도

중앙 정치 제도

집사부를 중심으로 중앙 정치를 운영하고, 옛 백제인과 옛 고구려인에게 벼슬을 주었습니다.

지방 행정 제도

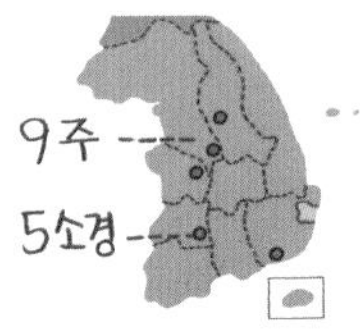

삼국 통일 이후 전국을 9주로 나눌 때 신라와 백제, 고구려의 옛 땅에 각 3주씩을 뒀습니다.

군사 제도

중앙군으로 9서당을 두었는데, 각 서당에는 신라인뿐만 아니라 옛 백제인, 옛 고구려인, 말갈인까지 포함했습니다.

〈자료 2〉 문무왕과 신문왕의 정책

신라는 676년 당을 몰아내고 삼국을 통일했습니다. 그러면서 문무왕과 신문왕은 여러 (㉠)를 정비하며 옛 백제와 고구려의 백성들을 아우르려고 했습니다. 우선 군사 제도를 정비해 9개의 서당을 만들었는데, 각 서당은 신라인과 옛 백제인, 옛 (㉡), 말갈인 등으로 이루어졌습니다. 또한 옛 백제인과 옛 고구려인에게 벼슬을 주기도 했습니다. 그리고 전국을 (㉢)로 나누었는데, 신라와 (㉣), 고구려의 옛 땅에 각 3주씩을 뒀습니다.

1 〈자료 1〉을 읽고, 〈자료 2〉의 ㉠~㉣에 알맞은 말을 찾아 쓰세요.

㉠ ( ) ㉡ ( ) ㉢ ( ) ㉣ ( )

2 삼국을 통일한 신라가 〈자료 2〉와 같이 통치 제도를 정비한 까닭을 다음 핵심어를 모두 넣어 쓰세요.

핵심어 (삼국) (신라) (통치 제도) (백성)

탐구 주제 2

발해의 중앙 정치 제도는 어떤 특징이 있을까?

〈자료 1〉 발해와 당의 중앙 정치 제도 비교

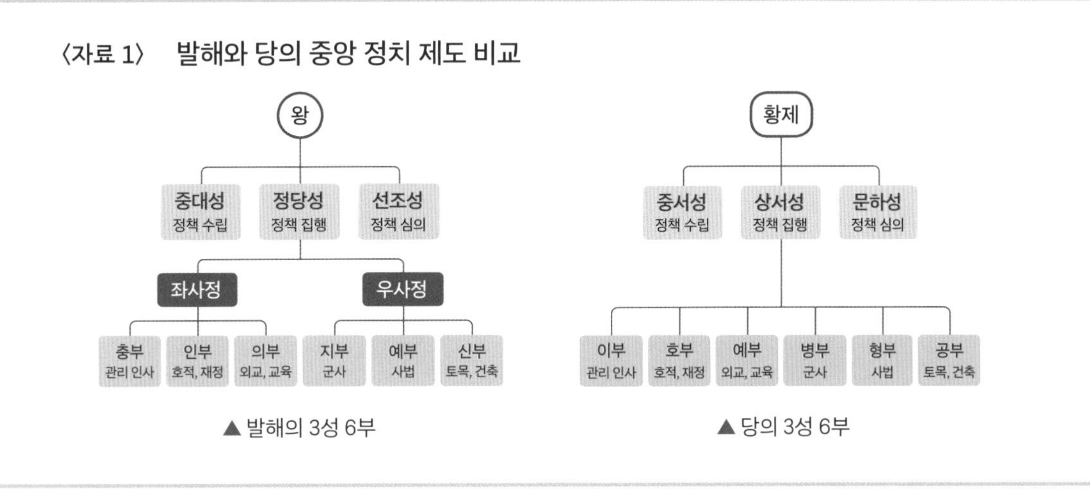

▲ 발해의 3성 6부 ▲ 당의 3성 6부

〈자료 2〉 발해 3성 6부의 특징

발해는 당의 3성 6부를 본뜨면서도, 발해의 상황에 맞춰 이름과 운영 방식을 바꿨습니다. 발해는 당과 달리 3성 가운데 정당성을 중심으로 정치를 운영했습니다. 그리고 정당성 밑에 6개의 부를 두어 행정 실무를 맡게 했습니다. 6부의 이름은 유교에서 강조하는 덕목인 '충·인·의·지·예·신'에서 따왔습니다.

1 〈자료 1〉과 〈자료 2〉를 읽고, 다음 표의 ㉠과 ㉡에 알맞은 말을 찾아 쓰세요.

발해의 중앙 정치 제도	
당과의 공통점	당과의 차이점
- 3성 6부의 중앙 통치 조직	- (㉠)을 중심으로 운영함. - (㉡)의 이름을 유교 덕목에서 따옴.

㉠ ( ) ㉡ ( )

2 발해 중앙 정치 제도의 특징을 다음 핵심어를 모두 넣어 쓰세요.

핵심어 (발해) (당) (3성 6부) (상황)

탐구 주제 3

신라 말 사회 상황은 어땠을까?

〈자료 1〉 신라 말 사회 상황

자연재해	백성들이 굶주려 자손을 팔아 생활하였다. … 봄에 나라에 큰 굶주림이 덮쳤고, 백성들이 돌림병으로 많이 죽었다. … 홍수가 났으며 곡식이 익지 않았다. … 금성에 지진이 났다. 해충이 곡식에 피해를 입혔다. -『삼국사기』
진골 귀족의 삶	귀족의 집에 곡식과 재물이 끊이지 않고, 노비가 매우 많았다. 곡식을 남에게 빌려주고 다 갚지 못하면 노비로 삼아 일을 시킨다. -『신당서』
백성의 삶	세금을 바치지 않아서 나라 살림이 부족해져 왕이 관리를 보내어 세금을 내도록 재촉하니 곳곳에서 사람들이 들고일어났다. 이때 원종과 애노는 사벌주에서 반란을 일으켰다. -『삼국사기』

〈자료 2〉 신라 말 농민 봉기

정치가 혼란해진 틈을 타 귀족들은 왕의 통제에서 벗어나 농민들을 가혹하게 수탈했습니다. 게다가 지진, 홍수, 가뭄 등이 잇따라 일어났습니다. 수탈과 (㉠)에 시달리던 농민들의 삶은 더욱 어려워졌습니다. 그런데 나라에서 관리를 보내 (㉡)을 내라고 재촉하는 일이 벌어지면서 농민들의 분노가 폭발했습니다. 889년 사벌주(상주)에서 (㉢)가 나라에서 걷는 가혹한 세금에 맞서 반란을 일으킨 뒤 온 나라에서 농민 봉기가 이어졌습니다. 하지만 신라 정부가 전국적으로 일어난 농민 봉기에 제대로 대처하지 못하면서 온 나라가 혼란에 빠졌습니다.

1 〈자료 1〉을 읽고, 〈자료 2〉의 ㉠~㉢에 알맞은 말을 찾아 쓰세요.

㉠ ( ) ㉡ ( ) ㉢ ( )

2 원종·애노의 난이 일어난 뒤의 상황을 다음 핵심어를 모두 넣어 두 문장으로 쓰세요.

핵심어 (온 나라) (농민 봉기) / (신라 정부) (혼란)

탐구 주제 4

신라 말에 한반도는 왜 다시 삼국으로 나뉘었을까?

〈자료 1〉 신라 말 여러 계층의 말

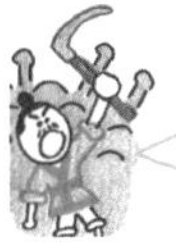

농민

정치가 혼란해진 틈을 타 귀족들은 백성들을 수탈하여 호화로운 삶을 즐기고 있어요. 자연재해와 귀족들의 수탈로 힘들어졌는데 정부에서도 세금을 내라고 재촉하니 견딜 수가 없어 봉기를 일으켰습니다.

중앙에서 귀족들이 싸우느라 지방을 제대로 다스리지 못하고 있는 틈을 타 제가 사는 지방을 직접 다스리고 있지요. 저는 새로운 나라를 세울 겁니다.

호족

6두품

혈통만을 중요하게 여기는 골품제가 신라의 문제입니다. 그런데 진골 귀족의 반대로 우리가 원하는 골품제 개혁도 이루어지지 않고 있어요. 호족과 손잡고 새로운 사회를 만들려 합니다.

〈자료 2〉 후삼국 시대의 성립

혼란해진 신라 땅에 후백제와 후고구려가 세워졌습니다. 견훤은 900년에 후백제를, 궁예는 901년에 후고구려를 세웠습니다. 후백제와 후고구려가 세워지면서 한반도가 다시 삼국으로 나뉘며 후삼국 시대가 시작됐습니다.

1 **〈자료 1〉을 읽고, 다음 표의 ㉠~㉢에 알맞은 말을 찾아 쓰세요.**

농민	호족	6두품
- 귀족들의 (㉠)과 자연재해로 어려움을 겪음. - 농민 봉기를 일으킴.	- 자신이 사는 (㉡)을 직접 다스림. - 새로운 나라를 세우려 함.	- (㉢)를 개혁하려 함. - 호족과 손잡고 새로운 사회를 만들려 함.

㉠ ( ) ㉡ ( ) ㉢ ( )

2 **신라 말, 혼란해진 신라 땅에서 어떤 일이 일어났는지 다음 핵심어를 모두 넣어 쓰세요.**

핵심어 (후백제) (후고구려) (한반도) (후삼국 시대)

(쉬어 가기)

통일 신라와 발해의 도읍은 어디였을까요?

금성(경주)은 약 천 년 동안 신라의 도읍이었어요.
반면 발해는 여러 번 도읍을 옮겼답니다.

신라의 도읍은 천 년 동안 바뀌지 않았어요.

박혁거세는 기원전 57년 한반도 동남쪽의 금성(경주)에 신라를 세웠어요. 신라는 꾸준히 발전하며 한강까지 진출하고, 당과 연합해 백제와 고구려를 멸망시킨 뒤, 당을 몰아내고 삼국을 통일했어요. 삼국을 통일한 문무왕은 왕궁의 규모를 넓혔고, 금성은 약 천 년 동안 바뀌지 않은 신라의 도읍이 되었답니다.

신라에서는 육로와 해로를 이용해 전국을 이었으며, 온 나라의 물건들이 금성에 모였어요. 금성의 시장에서는 여성들이 물건을 사고파는 일이 많았어요. 그리고 여름에는 얼음 위에 음식물을 두었지요. 이렇게 금성은 시장도 발달해 귀족들이 높은 생활 수준을 유지할 수 있었고, 통일 신라의 전성기 때는 금성에 '금입택'이라 불리는, 황금을 씌운 집까지 있었어요. 오늘날까지도 경주 땅에는 다양한 신라의 유적과 유물이 많이 남아 있답니다.

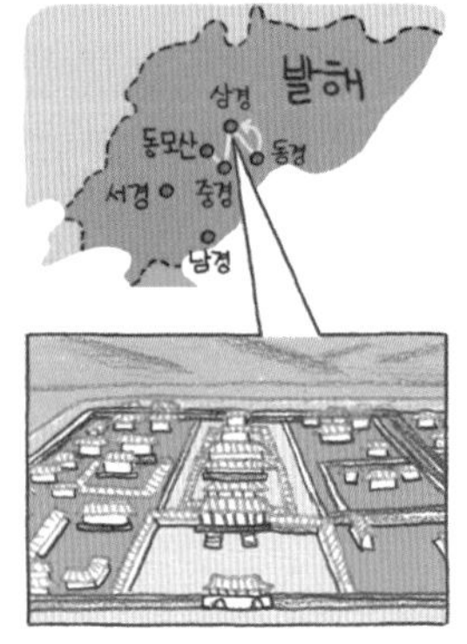

발해는 도읍을 자주 옮겼어요.

대조영과 고구려 유민은 당에서 탈출해 698년에 동모산을 도읍으로 하여 발해를 세웠어요. 동모산은 백두산과는 약 300리 떨어져 있던 고구려의 옛 땅이었지요. 동모산에서 성장한 발해는 문왕 때 여러 번 도읍을 옮겼어요. 동모산에서 중경, 중경에서 상경, 상경에서 동경, 그리고 문왕이 죽은 후 다시 상경으로 도읍이 바뀌었지요. 그 후로는 다시 도읍을 옮기지 않았기 때문에 상경은 가장 오랜 기간 발해의 도읍이었어요.

발해는 상경으로 처음 도읍을 옮길 때 웅장한 궁전과 성곽을 세웠고 이곳에서 주변 나라와 활발히 교류했어요. 상경은 바둑판 모양으로 도로와 건물을 세운 계획도시였는데, 그 둘레가 16km에 달하며 엄청난 크기를 자랑했어요. 지금도 남아 있는 상경성의 터와 여러 유물이 발해의 옛 모습을 짐작하게 해 준답니다.

3장

통일 신라와 발해의 문화

01 통일 신라는 불교와 유학이 발달했어요.

02 발해는 다양한 문화를 융합했어요.

03 통일 신라와 발해는 당, 일본, 서역 등과 교류했어요.

01. 통일 신라는 불교와 유학이 발달했어요.

정답과 해설 11쪽

그림으로 만나는
개념

통일 신라의 불교

불교 사상 / 불교 예술

원효

불교 대중화에 힘씀

의상

신라 사회를 통합하려 함

불국사

부처의 나라를 이 세상에
세우겠다는 뜻을 담아 만듦

석굴암

다듬은 돌을 짜 맞추어
석굴처럼 쌓아 만듦

문장으로 다지는
어휘

원효
불교 대중화에 앞장선 신라의 승려.

의상
화엄 사상으로 통일 직후 신라 사회를 통합하려 한 신라의 승려.

불국사
(부처**불** 나라**국** 절**사**)
경상북도 경주시 토함산 기슭에 있는 통일 신라의 절. 부처가 사는 세계를 표현함.

석굴암
(돌**석** 동굴**굴** 암자**암**)
경상북도 경주시 토함산 중턱에 있는 통일 신라의 동굴 모양 인공 석굴.

삼국 통일 이후 신라에서는 **불교 사상**이 크게 발달했어요.

[ ]는 불교를 대중화시키고, [ ]은 불교로 신라 사회를 통합하려 했어요.

더불어 다양한 **불교 예술**도 발달했어요.

통일 신라의 대표적 불교 건축물로는 [   ]와 [   ]이 있어요.

→ 통일 신라는 불교 사상이 발달하면서
불교문화를 꽃피웠고
정치 이념으로서 유학도 크게 발달했어요.

통일 신라의 유학

교육 기관	관리 등용	
국학	**독서삼품과**	**빈공과 합격**

교육 기관인 국학에서 유학을 가르침	유교 경전의 이해 수준을 시험해 등급을 매김	학문의 수준이 높아 당의 빈공과에 신라인들이 많이 합격함

유학 (선비**유** 학문**학**)
중국 공자의 가르침을 바탕으로 삼는 학문. 인간의 도덕과 사회의 정의를 다룸.

국학 (나라**국** 학교**학**)
신라의 최고 교육 기관. 유학을 가르치고 인재를 기름.

독서삼품과 (읽을**독** 글서 셋**삼** 등급**품** 과목**과**)
국학 학생을 대상으로 유교 경전의 이해 수준을 시험해 등급을 매긴 시험.

빈공과 (손님**빈** 추천할**공** 과목**과**)
당에서 외국 학생들을 대상으로 실시한 시험.

★ 통일 신라는 **유학**을 정치 이념으로 삼았어요.

그러면서 교육 기관인 [ ][ ]에서 유학을 가르쳤어요.

그리고 국학 학생을 대상으로 [ ][ ][ ][ ][ ]를 시행했어요.

통일 신라는 학문의 수준이 높아 당의 [ ][ ][ ]에 합격한 신라인도 많았어요.

통일 신라는 불교와 유학이 발달했어요.

▼ 다음 글을 읽고 물음에 답하세요.

통일 신라의 불교 사상

삼국을 통일한 신라는 고구려와 백제의 불교문화도 함께 받아들였어요. 또 당이나 인도를 다녀온 승려들이 새로운 불교의 가르침을 소개하면서 통일 이후 신라의 불교는 크게 발전했어요.

통일 신라의 불교 사상이 발달하는 데에는 원효와 의상의 활약이 컸어요. 원효는 여러 개로 나뉘어 대립하던 불교 갈래를 아우르고자 노력했어요. 또한 '나무아미타불'만 외우면 누구나 죽은 뒤 극락*에 갈 수 있다는 아미타 신앙을 전했어요. 이로써 귀족뿐만 아니라 일반 백성에게도 불교가 널리 퍼지게 됐어요. 당에서 불교를 공부하고 돌아온 의상은 '하나가 모두요, 모두가 하나다'라고 외치며 화엄 사상*으로 신라 사회를 통합하려 했어요. 의상의 사상은 통일 직후 혼란했던 신라 사회를 통합하는 데 중요한 역할을 했어요.

통일 신라의 불교 예술

이렇게 불교 사상이 발달했던 신라에서는 절, 탑, 불상, 종, 책 등 다양한 불교 예술 작품이 많이 만들어졌어요. 불국사와 석굴암은 통일 신라의 대표적인 불교 건축물이에요. 불국사는 부처의 가르침과 불교의 이상 세계를 표현한 절로, 건물과 탑을 조화롭게 배치한 것이 특징이에요. 석굴암은 사람이 직접 돌을 다듬어 만든 인공 석굴 사원이에요. 중앙의 본존불*을 중심으로 주위 벽면에 새긴 여러 조각이 조화를 이루고 있어요.

▲ 석굴암 본존불

탑은 주로 3층으로 쌓은 석탑이 유행했어요. 대표적으로 석가탑이라 불리는 경주 불국사 삼층 석탑과 경주 감은사지 동·서 삼층 석탑이 만들어졌어요. 또, 경주

바르게 읽기 **1** **이 글의 내용으로 알맞은 것에 ○표, 알맞지 않은 것에 ×표를 하세요.**

(1) 원효는 아미타 신앙을 전했다. ( )

(2) 신문왕은 불교 교육 기관인 국학을 만들었다. ( )

(3) 불국사는 사람이 돌을 다듬어 만든 인공 석굴 사원이다. ( )

(4) 당에서 실시한 시험인 빈공과에 합격하는 신라인도 많았다. ( )

불국사 다보탑과 같이 복잡하면서도 균형 잡힌 탑을 만들기도 했지요. 상원사 동종과 성덕 대왕 신종에서는 신라의 뛰어난 종 제작 기술을 확인할 수 있어요. 또한 신라에서는 목판에 책을 인쇄하는 기술이 발달했어요. 신라에서 만들어진 불교 경전 『무구정광대다라니경』은 지금까지 남아 있는 목판 인쇄물 중에 세계에서 가장 오래된 것으로 역사적 가치가 매우 커요.

통일 신라의 유학

한편 통일 신라에서는 유학을 정치 이념으로 삼았어요. 신문왕은 유학 교육 기관인 국학을 만들어 유학을 가르쳤어요. 원성왕은 국학 학생을 대상으로 독서삼품과를 시행했어요. 유교 경전에 대한 이해 수준을 시험해 학생들의 점수를 상품, 중품, 하품의 3등급으로 나누어 관리를 뽑는 데 활용했지요.

유학에 대한 이해가 깊어지면서 뛰어난 학자들도 많이 나타났어요. 6두품인 강수는 다른 나라와의 외교 문서를 쓰는 데 뛰어났고, 원효의 아들인 설총은 이두*를 정리해 유교 경전을 우리말로 쉽게 풀이했어요. 진골 귀족인 김대문은 화랑들의 활약을 모아 『화랑세기』를 지었지요. 이에 더해 당에서 외국 학생들을 대상으로 실시한 시험인 빈공과에 합격하는 신라인도 많았어요. 6두품인 최치원은 당의 빈공과에 합격하고 당에서 벼슬을 하며 뛰어난 문장가로 이름을 떨쳤답니다.

〈낱말 풀이〉 **극락** 불교에서 말하는 이상 세계. 사람이 죽은 다음에 간다는, 모든 악과 괴로움이 없는 좋은 곳.
화엄 사상 우주의 모든 것은 홀로 일어나는 일이 없고 하나로 융합하고 있다고 여기는 불교 사상.
본존불 법당에 모신 부처 가운데 가장 으뜸인 부처.
이두 한자의 음과 뜻을 빌려 우리말을 적은 표기법.

연결하여 읽기 **2** **통일 신라 때 인물과 한 일을 알맞게 선으로 연결하세요.**

(1) 설총 • • ㉠ 불교 갈래를 아우르고자 노력함.

(2) 원효 • • ㉡ 빈공과에 합격하고 당에서 벼슬을 함.

(3) 의상 • • ㉢ 화엄 사상으로 신라 사회를 통합하려 함.

(4) 최치원 • • ㉣ 이두를 정리해 유교 경전을 우리말로 풀이함.

자세히 읽기 **3** **통일 신라의 유학에 대한 설명으로 알맞은 것을 고르세요.** (　　　)

① 신문왕은 독서삼품과를 시행했다.

② 유학은 통일 신라의 정치 이념이었다.

③ 원성왕은 유학 교육 기관인 국학을 만들었다.

④ 6두품인 강수는 당의 빈공과에 합격하고 당에서 벼슬을 했다.

⑤ 원효의 아들 설총은 화랑들의 활약을 모아 『화랑세기』를 지었다.

깊이 읽기 **4** **이 글과 〈보기〉를 읽고, 불국사에 대한 설명으로 알맞지 않은 것을 고르세요.** (　　　)

〈보기〉

통일 신라를 대표하는 불교 예술과 건축

불국사는 신라 사람들이 상상한 '부처가 사는 나라'를 표현한 절입니다. 불국사 안에는 모양이 다른 두 개의 탑이 있습니다. 경주 불국사 삼층 석탑은 통일 신라 시기에 유행했던 3층 석탑으로, 균형 잡힌 느낌을 줍니다. 이 탑 안에서는 『무구정광대다라니경』이 발견됐습니다. 경주 불국사 다보탑은 복잡한 구조를 조화롭게 나타내어 화려한 느낌을 줍니다.

▲ 경주 불국사

▲ 경주 불국사 삼층 석탑

▲ 경주 불국사 다보탑

① 불국사 안에 불국사 삼층 석탑과 다보탑이 있다.

② 다보탑 안에서 『무구정광대다라니경』이 발견됐다.

③ 다보탑은 복잡한 구조를 조화롭게 나타내어 화려한 느낌을 준다.

④ 불국사는 신라인들이 상상한 '부처가 사는 나라'를 표현한 절이다.

⑤ 불국사 삼층 석탑은 통일 신라 시기에 유행했던 3층 석탑으로 지어졌다.

구조로 정리하기

5 다음 구조도를 보며 이 글의 내용을 정리해 보고, 빈칸에 알맞은 말을 쓰세요.

통일 신라의 불교	
불교 사상	- ☐☐: 일반 백성에게도 불교가 널리 퍼지게 함. - 의상: 혼란했던 신라 사회를 화엄 사상으로 통합하려 함.
불교 예술	- 절: 불국사, 석굴암 - 탑: 3층으로 쌓은 석탑이 유행함. - 종: 상원사 동종, 성덕 대왕 신종 - 책: 『무구정광대다라니경』

통일 신라의 ☐☐
- 유학 교육 기관인 국학을 세움. - 국학 학생을 대상으로 ☐☐☐☐☐를 시행함. - 뛰어난 학자들이 활약함. : 강수, 설총, 김대문 등 : 최치원은 당의 빈공과에 합격함.

서술형 쓰기

6 이 글과 다음 자료를 보고, 물음에 답하세요.

(1) 다음 ㉠에 알맞은 말을 쓰세요.

> 원효는 '(㉠)'을 외우면 누구나 죽은 뒤 극락에 갈 수 있다는 아미타 신앙을 전했습니다.

㉠ ____________________

(2) 원효가 전한 아미타 신앙이 통일 신라 불교 발달에 어떤 영향을 끼쳤는지 쓰세요.

원효가 아미타 신앙을 전하면서 귀족뿐만 아니라

____

____

02. 발해는 다양한 문화를 융합했어요.

정답과 해설 12쪽

그림으로 만나는
개념

발해의 유학과 불교

유학

주자감

교육 기관인 주자감에서
유학을 가르침

불교

이불병좌상

석등

고구려 연꽃무늬

고구려 불교문화의 영향을 많이 받음

문장으로 다지는
어휘

유학
(선비**유** 배울**학**)
중국 공자의 가르침을 바탕으로 삼는 학문. 인간의 도덕과 사회의 정의를 다룸.

주자감
(자손**주** 아들**자** 관청**감**)
발해의 교육 기관. 왕족과 귀족에게 유학을 가르침.

이불병좌상
(둘**이** 부처**불** 나란히**병** 앉을**좌** 모양**상**)
두 부처가 나란히 앉아 있는 모습의 불상.

석등
(돌**석** 촛불**등**)
불을 밝히기 위해 돌로 네모지게 만든 등.

발해에서도 **유학**과 **불교**가 발달했어요.

교육 기관인 ☐☐☐에서는 왕족과 귀족에게 유학을 가르쳤어요.

발해는 **고구려** 불교문화의 영향을 크게 받았어요.

☐☐☐☐☐과 ☐☐을 통해 발해의 불교문화를 엿볼 수 있어요.

발해에서는 유학과 불교가 발달했을 뿐만 아니라
다양한 문화가 어우러져 나타났어요.
고구려 문화를 바탕으로 당과 말갈의 문화도 받아들였어요.

융합적인 발해 문화

고구려 문화

고구려 방식을 이어받음

당 문화

당의 영향을 받음

말갈 문화

말갈의 전통을 이어 감

온돌
(따뜻할**온** 굴뚝**돌**)
우리나라의 전통적인 난방 장치. 한반도와 만주에서 발달함.

고구려
주몽이 기원전 37년에 압록강 유역의 졸본에 도읍하여 세운 나라.

당
수를 이어 618년에 중국을 통일한 나라. 신라와 연합하여 백제와 고구려를 멸망시킴.

말갈
고구려의 지배를 받던 민족. 고구려 유민과 함께 발해의 구성원을 이룸.

발해는 여러 문화를 **융합**해 독자적인 문화를 이루었어요.

발해의 **온돌**에서 [ ][ ][ ] 문화의 흔적을 엿볼 수 있어요.

영광탑에서 발해가 [ ] 문화를 받아들였음을 알 수 있어요.

발해 백성이 사용한 말갈식 토기에서 발해가 [ ][ ] 문화를 받아들였음을 알 수 있어요.

발해는 다양한 문화를 융합했어요.

▼ 다음 글을 읽고 물음에 답하세요.

발해의 유학

발해는 통일 신라와 마찬가지로 유학이 발달했어요. 발해는 유학을 중요하게 여겨 통치 이념에 반영했고, 당의 국자감을 본떠 만든 교육 기관인 주자감에서 왕족과 귀족에게 유학을 가르쳤어요. 또한 발해 사람들의 유학 수준이 높아지면서 많은 발해인이 당의 시험인 빈공과에 합격하기도 했어요.

발해의 불교

발해에서는 유학과 더불어 불교도 발달했어요. 발해에서는 왕실과 귀족을 중심으로 불교가 널리 유행했는데, 문왕은 스스로를 불교의 이상적인 왕으로 일컬으며 불교를 적극적으로 받아들였어요. 그래서 발해의 도읍이었던 상경성과 중경성 일대에서는 지금도 많은 절터 유적과 불상, 석등 등이 발견돼요.

▲ 이불병좌상

▲ 발해 석등

두 명의 부처가 나란히 앉은 모습의 불상인 이불병좌상은 고구려의 양식을 이어받은 것이에요. 이불병좌상과 석등에서 보이는 연꽃무늬 또한 고구려 연꽃무늬의 영향을 보여 주지요. 이를 통해 발해의 불교문화는 고구려 문화의 영향을 많이 받았음을 알 수 있어요.

융합적인 발해 문화

고구려를 계승한 발해는 고구려 문화를 바탕으로 주변의 다양한 문화를 받아들였어요. 발해의 집터 유적에서 발견된 온돌과 기와에서 고구려 문화를 엿볼 수 있어요. 온돌은 한반도와 만주에서 발달한 우리나라의 전통적인 난방 장치로, 발해의

바르게 읽기

1 이 글의 내용으로 알맞은 것에 ○표, 알맞지 않은 것에 ×표를 하세요.

(1) 발해의 주자감에서는 불교를 가르쳤다. ( )

(2) 발해에서는 왕실과 귀족을 중심으로 불교가 널리 유행했다. ( )

(3) 발해의 유적에서 발견된 온돌은 당의 온돌과 매우 비슷하다. ( )

(4) 말갈식 토기 등에서 발해가 말갈의 문화도 이어 갔음을 알 수 있다. ( )

온돌은 고구려의 온돌과 매우 비슷해요. 지붕에 쓰이는 기와인 수막새*도 연꽃무늬를 새긴 고구려의 것과 비슷하지요. 또한 발해의 정혜 공주 무덤은 굴식 돌방무덤* 양식과 모줄임천장* 구조로 되어 있는데, 이는 고구려 무덤에서 흔히 볼 수 있는 양식과 같아요.

발해는 당의 문화도 받아들였어요. 발해의 탑 중 오늘날까지 유일하게 남아 있는 영광탑은 당의 영향을 받아 벽돌로 만들어졌어요. 또한 발해는 당의 삼채* 기법을 받아들여 그릇에 세 가지 색의 잿물을 발라 색을 입힌 삼채 향로를 만들었어요.

한편, 발해의 변두리 땅에서는 말갈의 전통 양식에 따른 흙무덤이 많이 만들어졌어요. 일반 백성들이 주로 사용한 말갈식 토기 등도 발견되었지요. 이러한 유물은 발해가 말갈의 문화도 이어 갔음을 보여 줘요.

발해는 여러 나라의 문화를 받아들이고 융합해 독자적인 문화를 만들어 내기도 했어요. 정효 공주 무덤은 당의 영향을 받아 벽돌무덤으로 만들어졌지만, 천장 구조는 고구려의 양식을 따랐어요. 그리고 무덤 위에 탑을 세웠는데, 이는 발해만의 독특한 문화랍니다.

〈낱말 풀이〉 **수막새** 지붕의 진흙이 흘러내리는 걸 막는 기와.
굴식 돌방무덤 넓은 돌방을 만들고 그 위에 흙을 덮는 무덤 양식.
모줄임천장 굴식 돌방무덤을 만들 때 천장을 좁혀 가며 돌을 쌓아 올린 구조.
삼채 세 가지 빛깔의 잿물을 써서 만든 도자기.

연결하여 읽기 **2** **발해가 받아들인 문화와 그 문화의 특징이 드러나는 것을 알맞게 선으로 연결하세요.**

(1) 당 문화 • • ㉠ 온돌과 수막새

(2) 말갈 문화 • • ㉡ 흙무덤과 토기

(3) 고구려 문화 • • ㉢ 영광탑과 삼채 향로

자세히 읽기 **3** **발해의 유학과 불교에 대한 설명으로 알맞지 <u>않은</u> 것을 고르세요.** (　　　)

① 발해의 문왕은 불교를 적극적으로 받아들였다.

② 발해는 유학을 중요하게 여겨 통치 이념에 반영했다.

③ 발해는 교육 기관인 국자감을 세워 유학을 가르쳤다.

④ 발해에서는 왕실과 귀족을 중심으로 불교가 널리 유행했다.

⑤ 발해인의 유학 수준이 높아지면서 당의 빈공과에 합격하는 사람도 있었다.

깊이 읽기 **4** **이 글과 〈보기〉를 읽고, 발해 문화에 대한 설명으로 알맞은 것을 고르세요.** (　　　)

〈보기〉

기와

발해는 건물을 만들 때 수막새와 치미* 등의 기와를 이용했습니다. 발해의 수막새는 연꽃무늬가 고구려의 수막새와 닮았고, 치미의 구조와 선의 흐름도 고구려의 것과 비슷합니다.

▲ 발해 수막새

▲ 고구려 수막새

삼채

당에서는 세 가지 색의 잿물을 써서 만든 도자기인 삼채가 유행했습니다. 발해는 당의 삼채 기법을 받아들여 발해 삼채를 만들었습니다.

토기

말갈식 토기는 손으로 직접 빚어 낮은 온도에서 구웠으며, 붉은색이나 갈색 계열의 색을 띱니다. 발해의 일반 백성들은 말갈식 토기를 주로 썼습니다.

* **치미** 지붕의 양쪽 끝에 얹는 장식 기와.

① 발해는 말갈 문화를 받아들이지 않았다.

② 발해의 기와에서 당 문화를 엿볼 수 있다.

③ 발해의 삼채는 고구려의 기법을 받아들인 것이다.

④ 발해의 유물에서 고구려 문화의 특징만 발견할 수 있다.

⑤ 발해는 고구려, 당, 말갈 등 주변의 다양한 문화를 받아들였다.

구조로 정리하기

5 다음 구조도를 보며 이 글의 내용을 정리해 보고, 빈칸에 알맞은 말을 쓰세요.

발해의 유학과 불교	
유학	- 유학을 통치 이념에 반영함. - 교육 기관인 ☐☐☐ 에서 유학을 가르침.
불교	- 왕실과 귀족을 중심으로 널리 유행함. - ☐☐☐ 문화의 영향을 많이 받음.

융합적인 발해 문화	
고구려 문화의 영향	- 온돌과 수막새 - 정혜 공주 무덤
☐ 문화의 영향	- 벽돌로 만들어진 영광탑 - 삼채 향로
말갈 문화의 영향	- 말갈 전통 양식의 흙무덤 - 말갈식 ☐☐

서술형 쓰기

6 이 글과 다음 자료를 보고, 물음에 답하세요.

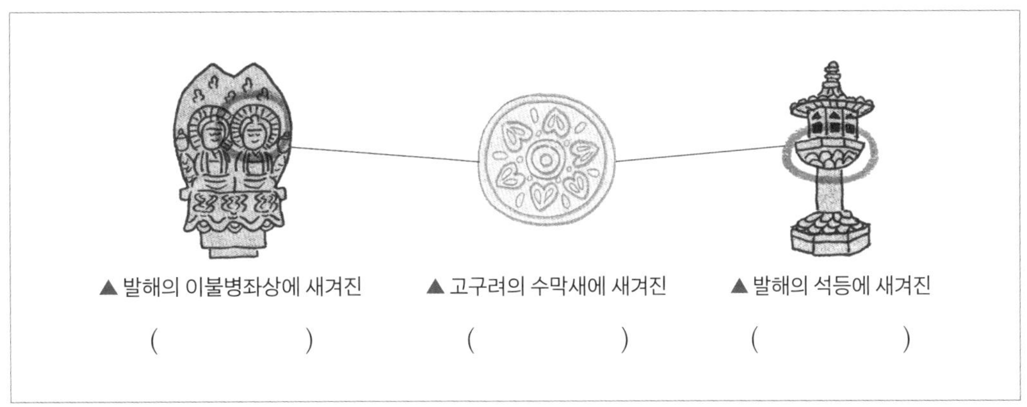

▲ 발해의 이불병좌상에 새겨진 (　　　　)　▲ 고구려의 수막새에 새겨진 (　　　　)　▲ 발해의 석등에 새겨진 (　　　　)

(1) 위 자료의 빈칸에 공통으로 들어갈 알맞은 말을 쓰세요.

(2) 위 자료를 보고 알 수 있는 점을 쓰세요.

발해의 불교문화는

03. 통일 신라와 발해는 당, 일본, 서역 등과 교류했어요.

정답과 해설 13쪽

그림으로 만나는
개념

통일 신라의 대외 교류

당
당에 신라인 마을인
신라방이 생김

일본
완도에 세워진 청해진에서
일본, 당과 무역함

서역
서역 상인과는
울산항에서 교역함

문장으로 다지는
어휘

신라방 (-마을방)
당의 해안 지역에 세워진 신라인 마을.

청해진 (-진영진)
장보고가 전라남도 완도에 세운 군사 기지. 해적을 없애고 해상 무역을 함.

울산항 (-항구항)
신라의 도읍인 금성 근처 울산에 있던 국제 무역 항구. 서역 상인과도 교역함.

서역 (서쪽서 나라역)
중국의 서쪽에 있는 여러 나라를 통틀어 이르는 말.

통일 신라는 여러 나라와 활발하게 **교류**했어요.

신라인이 당으로 많이 건너가면서 **당**에 신라인 마을인 [| |]이 생겼어요.

또한 완도에 세워진 [| |]에서는 해적을 없애고 해상 무역을 했어요.

더불어 국제 무역항인 [| |]에서는 **서역** 상인과도 교역했어요.

통일 신라와 발해는
주변 나라와 관계를 개선하고
다양한 곳에서 여러 나라와 교류했어요.

발해의 대외 교류

당	신라	일본
당에 발해 사신의 숙소인 발해관이 생김	신라와 육상 교통로인 신라도로 교류함	일본과 해상 교통로인 일본도로 교류함

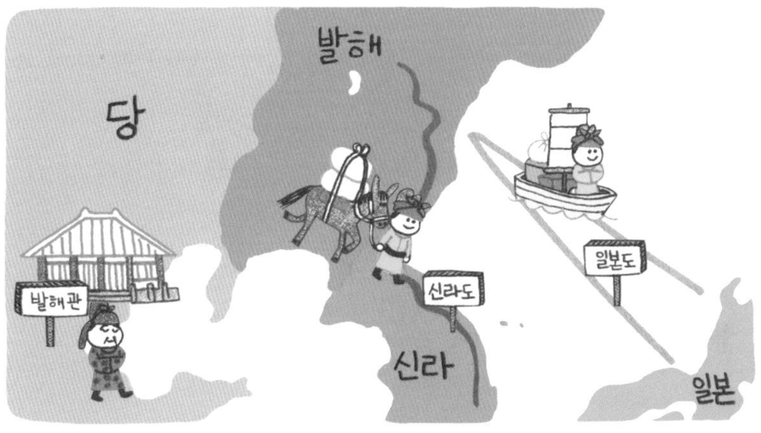

발해관 (- 관사관)
당에 세워진 발해의 사신들이 머물던 숙소.

신라도 (- 길도)
발해에서 신라로 가던 교통로. 발해의 5경인 동경에서 출발해 동해안을 따라 신라로 이어짐.

일본도 (- 길도)
발해에서 일본으로 가던 교통로. 발해의 5경인 동경에서 출발해 바다를 건너 일본으로 도착하는 길.

발해는 여러 교통로를 이용해 주변 나라와 **교류**했어요.

★ **당**과의 교류가 활발해지며 당에 발해 사신이 머무는 [ ][ ][ ]이 만들어졌어요.

신라와는 육상 교통로인 [ ][ ][ ]를 통해 교류했어요.

일본과는 해상 교통로인 [ ][ ][ ]를 통해 교류했어요.

통일 신라와 발해는 당, 일본, 서역 등과 교류했어요.

▼ 다음 글을 읽고 물음에 답하세요.

통일 신라의 대외 교류

신라는 삼국 통일 과정에서 나당 전쟁을 벌이며 당과 싸웠지만, 삼국 통일 이후 나빴던 관계를 회복하고 당과 교류하기 시작했어요. 신라와 당 사이에는 사신뿐만 아니라 유학생, 승려, 상인 등 많은 사람이 오갔어요. 신라의 상인들은 당에 금은 공예품 등을 수출하고 당에서 비단, 책 등을 수입했어요. 신라와 당의 교류가 활발해지면서 당의 해안 지역 여러 곳에 신라인 마을인 신라방이 세워졌어요. 신라방 안에는 신라인이 지은 절인 신라원, 신라방을 관리하는 관청인 신라소, 숙박 시설인 신라관 등 다양한 시설이 있었어요.

신라는 당뿐만 아니라 일본과도 교류했어요. 신라는 일본에 금속 제품과 모직물* 등을 수출했고, 당과 일본 사이에서 중계 무역*도 했어요. 특히 장보고는 완도에 군사 기지인 청해진을 만들어 해적을 없애고 당과 신라, 일본을 연결하는 해상 무역을 이끌었어요.

대외 교류가 활발해지면서 신라의 도읍인 금성과 가까운 울산항과 서해안의 당항성도 국제 무역 항구로 번성했어요. 특히 울산항에는 서역 상인까지 오고 가면서 다양한 물건들이 거래되었고, 신라의 이름이 이슬람 세계에까지 알려졌어요.

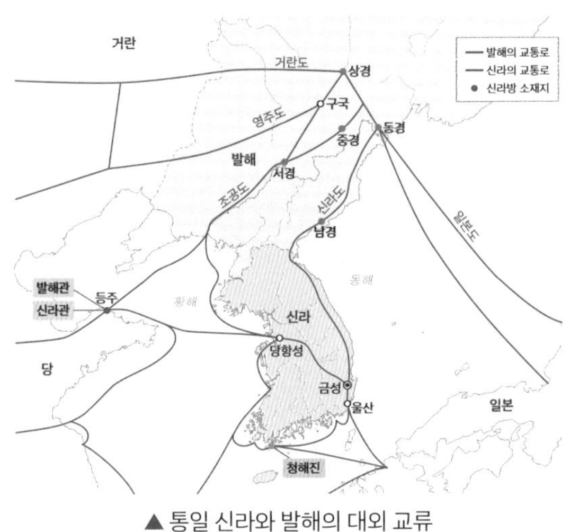

▲ 통일 신라와 발해의 대외 교류

바르게 읽기 **1** **이 글의 내용으로 알맞은 것에 ○표, 알맞지 않은 것에 ×표를 하세요.**

(1) 신라는 삼국 통일 후 당과의 관계를 회복했다. (　　)

(2) 신라의 도읍인 금성이 국제 무역 항구로 번성했다. (　　)

(3) 당의 해안 지역에 발해인이 사는 마을인 발해관이 세워졌다. (　　)

(4) 발해는 여러 교통로를 통해 당, 신라, 일본, 거란 등과 교류했다. (　　)

발해의
대외 교류

한반도 북쪽과 만주 땅에서 발전한 발해는 여러 교통로를 통해 주변 여러 나라와 활발히 교류했어요. 서쪽의 당, 남쪽의 신라, 동쪽의 일본, 북쪽의 거란과 교류했지요.

발해는 문왕 때 당과 친선 관계를 맺고 승려와 유학생 등을 보내 선진 문물을 받아들였어요. 또한 모피*, 말 등을 당에 수출하고, 당에서 비단, 책 등을 수입했어요. 당과의 교류가 활발해지면서 당에는 발해 사신이 머무는 숙소인 발해관이 세워졌어요.

발해와 신라는 발해의 건국 초기에 대립했지만, 문왕 때 관계가 나아지며 신라도가 만들어졌어요. 신라도는 발해 5경 중 하나인 동경과, 신라의 도읍인 금성을 잇는 교통로예요. 발해와 신라는 신라도를 통해 꾸준히 교류했지요.

한편, 발해는 당과 신라를 견제하기 위해 일찍부터 일본과 친선 관계를 맺고 교류했어요. 발해와 일본은 바닷길인 일본도를 통해 교류했어요. 발해는 모피, 꿀, 인삼 등을 일본에 수출하고, 일본으로부터 비단, 귀금속 등을 들여왔어요. 그리고 발해는 초원길에 있는 교통로인 거란도를 통해 북쪽의 거란과도 교류했답니다.

〈낱말 풀이〉 **모직물** 털실로 짠 물건을 통틀어 이르는 말.
중계 무역 다른 나라로부터 사들인 물건을 더 비싼 값으로 다른 나라에 되파는 무역 방식.
모피 털이 그대로 붙어 있는 짐승의 가죽.

연결하여 읽기 **2** **통일 신라와 발해의 대외 교류에서 생겨난 곳과 설명을 알맞게 선으로 연결하세요.**

(1) 발해관 •	• ㉠ 발해 사신이 머무는 숙소
(2) 신라방 •	• ㉡ 해상 무역을 하던 완도의 군사 기지
(3) 울산항 •	• ㉢ 당의 해안 지역에 세워진 신라인 마을
(4) 청해진 •	• ㉣ 서역 상인과도 교역한 국제 무역 항구

자세히 읽기

3 통일 신라의 대외 교류에 대한 설명으로 알맞지 않은 것을 고르세요. (　　　)

① 신라는 당에 금은 공예품 등을 수출했다.

② 신라의 이름이 이슬람 세계에까지 알려졌다.

③ 신라는 당과 발해 사이에서 중계 무역을 했다.

④ 신라는 당, 일본, 서역뿐 아니라 발해와도 교류했다.

⑤ 장보고는 당과 신라, 일본을 연결하는 해상 무역을 이끌었다.

깊이 읽기

4 이 글과 〈보기〉를 읽고, 통일 신라와 발해의 대외 교류에 대한 설명으로 알맞지 않은 것을 고르세요. (　　　)

〈보기〉

통일 신라의 대외 교류

• 당의 해안 지역 여러 곳에 신라인 마을인 신라방이 생겼습니다.

• 송림사 금동 사리 장엄구와 유리그릇은 신라의 금속 공예 기술과 서역의 유리 공예 기술이 조화를 이루고 있는 작품입니다.

발해의 대외 교류

• 당에 발해 사신이 머무는 숙소인 발해관이 세워졌습니다.

• 발해 중대성에서 일본에 보낸 외교 문서에는 100 명이 넘는 발해 사신단이 일본에 파견되었다는 내용이 적혀 있습니다.

① 통일 신라와 발해 모두 당과 교류했다.

② 신라는 울산항을 통해 서역 상인과도 교류했다.

③ 당에 신라인 마을이 생길 정도로 신라와 당의 교류가 활발했다.

④ 발해는 일본도를 통해 일본과 교류하며 일본에 사신단을 보내기도 했다.

⑤ 발해와 당의 교류가 활발하여 발해에 당나라 사신이 머무는 숙소가 세워졌다.

구조로 정리하기 **5** **다음 구조도를 보며 이 글의 내용을 정리해 보고, 빈칸에 알맞은 말을 쓰세요.**

통일 신라의 대외 교류	
당	당에 신라인 마을인 [ ][ ][ ]이 생김.
일본	장보고가 완도에 [ ][ ][ ]을 만들어 해상 무역을 함.
서역	울산항, 당항성이 국제 무역 항구로 번성함.

발해의 대외 교류	
당	당에 발해 사신이 머무는 숙소인 [ ][ ][ ]이 세워짐.
신라	육상 교통로인 [ ][ ][ ]를 통해 교류함.
일본	해상 교통로인 일본도를 통해 교류함.

서술형 쓰기 **6** **이 글과 다음 지도를 보고, 물음에 답하세요.**

(1) 발해와 신라가 교류한 길의 이름을 쓰세요.

㉠ ______________________

(2) 발해가 신라와 어떻게 교류했는지 쓰세요.

발해와 신라는 ______________________

____

3장 통일 신라와 발해의 문화

통일 신라의 문화

불교 사상

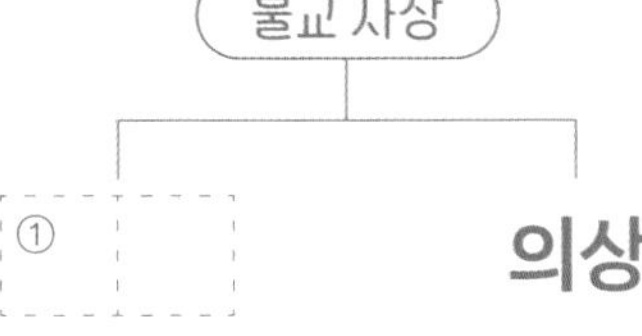

불교 대중화에 앞장선 신라의 승려.

불교 예술

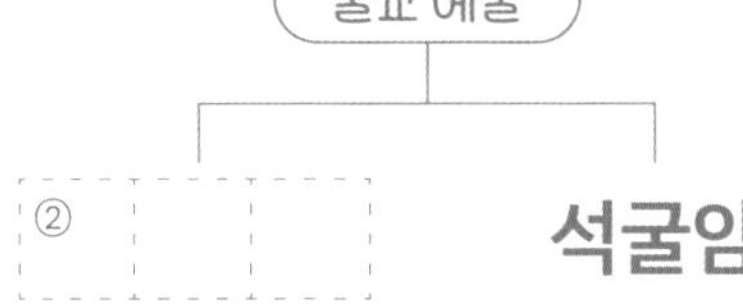

경상북도 경주시 토함산 기슭에 있는 통일 신라의 절. 부처가 사는 세계를 표현함.

유학

신라의 최고 교육 기관. 유학을 가르치고 인재를 기름.

발해의 문화

유학

① [ ] [ ] [ ]

발해의 교육 기관. 왕족과 귀족에게 유학을 가르침.

불교

이불병좌상

융합적인 문화

② [ ] [ ] [ ] 문화

주몽이 기원전 37년에 압록강 유역의 졸본에 도읍하여 세운 나라.

당 문화

말갈 문화

통일 신라의 대외 교류

당과의 교류	당, 일본과의 해상 무역	서역과의 교류
①	②	**울산항**
당의 해안 지역에 세워진 신라인 마을.	장보고가 전라남도 완도에 세운 군사 기지. 해적을 없애고 해상 무역을 함.	

발해의 대외 교류

당과의 교류	신라와의 교류	일본과의 교류
①	②	**일본도**
당에 세워진 발해 사신이 머물던 숙소.	발해에서 신라로 가던 교통로. 발해의 5경인 동경에서 출발해 동해안을 따라 신라로 이어짐.	

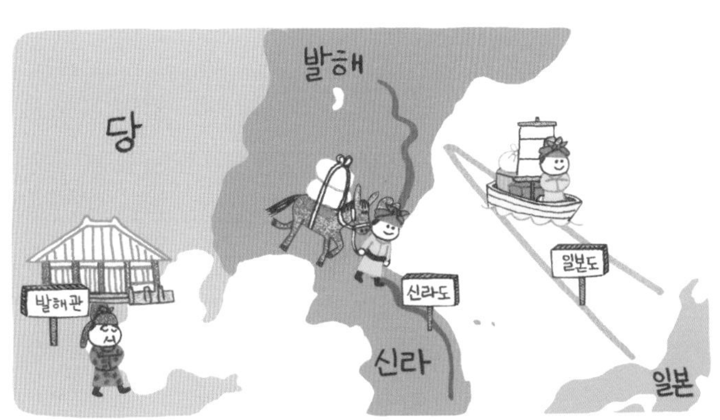

▼ 빈칸에 알맞은 말을 쓰세요. / 정답과 해설 14쪽

탐구 주제 1 원효와 의상은 신라 사회에 어떤 영향을 미쳤을까?

〈자료 1〉 원효의 사상

원효는 화쟁 사상을 통해 여러 갈래로 나뉘어 대립하던 불교 종파를 아우르고자 했습니다. 또한 '나무아미타불'만 외우면 누구나 죽은 뒤 극락에 갈 수 있다는 아미타 신앙을 전했습니다. 이로써 귀족만이 아니라 일반 백성에게도 불교가 널리 퍼지게 됐습니다.

〈자료 2〉 의상의 사상

통일 후 신라 사회는 어수선한 상황이었고, 고구려와 백제의 유민을 한 데 모을 수 있는 사상이 필요했습니다. 의상은 신라 사회를 화해와 통합으로 나아가게 하려고 '하나가 모두요, 모두가 하나다'라는 화엄 사상을 강조했습니다. 이러한 화엄 사상은 통일 신라 사회를 통합하는 데 중요한 역할을 했습니다.

1 〈자료 1〉과 〈자료 2〉를 읽고, 다음 표의 ㉠~㉢에 알맞은 말을 찾아 쓰세요.

원효	- 화쟁 사상: 여러 갈래로 나뉘어 대립하던 (㉠) 종파를 아우르고자 함. - 아미타 신앙: '(㉡)'만 외우면 누구나 죽은 뒤 극락에 갈 수 있다고 함.
의상	- 화엄 사상 : '하나가 모두요, 모두가 하나다'를 외치며 신라 사회를 화해와 (㉢)으로 나아가게 하려 함.

㉠ (　　　　　　) ㉡ (　　　　　　) ㉢ (　　　　　　)

2 원효의 화쟁 사상과 의상의 화엄 사상이 이루려 한 것을 다음 핵심어를 모두 넣어 두 문장으로 쓰세요.

핵심어 (대립) (불교 종파) / (화해) (통합)

원효는 화쟁 사상을 통해

의상은 화엄 사상을 통해

탐구 주제 2

발해 문화에는 어떤 나라들의 문화가 섞여 있을까?

〈자료 1〉 융합적인 발해 문화

무덤 위에 탑을 세우는 발해만의 독특한 양식이 나타난다. 탑은 당의 영향을 받아 벽돌로 만들어졌다.

무덤에 벽화가 그려져 있는데, 당의 영향을 받아 인물의 얼굴이 둥글고 통통하다.

천장 공간을 위로 갈수록 줄여 나가는 고구려의 양식을 따르고 있다.

당의 영향을 받아 벽돌무덤으로 만들어졌다.

▲ 발해 정효 공주 무덤

〈자료 2〉 발해의 무덤 문화

발해 사람들은 가족이 죽으면 돌무덤, 벽돌무덤, 흙무덤 등에 묻었습니다. 돌무덤은 고구려 후기의 양식을 거의 그대로 계승하고 있습니다. 조금씩 만들어진 벽돌무덤은 (㉠)의 영향을 받은 것으로, (㉡) 무덤의 천장 양식이 합쳐진 모습을 보여 줍니다. 또한 무덤 위에 세운 (㉢)에서 발해만의 독특한 문화를 볼 수 있습니다. 흙무덤에는 주로 평민들이 묻혔는데, 흙무덤에서 말갈의 양식이 나타나 발해가 말갈의 문화도 이어 갔음을 보여 줍니다. 이처럼 발해는 고구려, 당, 말갈의 문화를 받아들이고 융합해 독자적인 문화를 만들어 냈습니다.

1 〈자료 1〉을 보고, 〈자료 2〉의 ㉠ ~ ㉢에 알맞은 말을 찾아 쓰세요.

㉠ (　　　　　　) ㉡ (　　　　　　) ㉢ (　　　　　　)

2 발해 문화의 특징을 다음 핵심어를 모두 넣어 쓰세요.

핵심어 (고구려) (당) (말갈) (융합)

탐구 주제 3

통일 신라는 주변 나라와 어떻게 교류했을까?

〈자료〉 통일 신라의 대외 교류

▲ 신라방

당에 신라 사신, 유학생, 상인 등이 많이 드나들면서 당의 해안 지역에 신라인 마을인 신라방이 생겼다.

▲ 청해진

장보고는 완도에 군사 기지인 청해진을 만들어 해적을 없애고, 당, 신라, 일본을 연결하는 해상 무역을 이끌었다.

▲ 원성왕릉 무인상

머리 두건과 얼굴 모양이 서역인의 모습을 하고 있는 무인상은 신라와 서역의 교류를 짐작하게 한다.

▲ 금동초심지가위

양초의 심지를 자르는 초심지 가위는 일본과 신라의 가위 생김새가 비슷하다.

1 〈자료〉를 보고, 다음 글의 ㉠ ~ ㉢에 알맞은 말을 찾아 쓰세요.

신라와 당의 교류가 활발해지면서 당의 해안 지역에 신라인 마을인 (㉠)이 세워졌습니다. 또한 신라는 일본과도 교류하며 금속 제품과 모직물을 수출했습니다. 특히 장보고는 완도에 군사 기지인 (㉡)을 만들어 해상 무역을 이끌었습니다. 이렇게 대외 교류가 활발해지면서 신라의 도읍인 금성과 가까운 울산항과 서해안의 당항성도 국제 무역 항구로 번성했습니다. 특히 울산항에는 (㉢) 상인까지 오고 가면서 신라의 이름이 이슬람 세계까지 알려졌습니다.

㉠ (   ) ㉡ (   ) ㉢ (   )

2 장보고가 청해진에서 무엇을 했는지 다음 핵심어를 모두 넣어 쓰세요.

핵심어 (완도) (해적) (일본) (해상 무역)

탐구 주제 4

발해는 어떤 나라와 어떤 길로 교류했을까?

〈자료 1〉 **발해의 대외 교류**

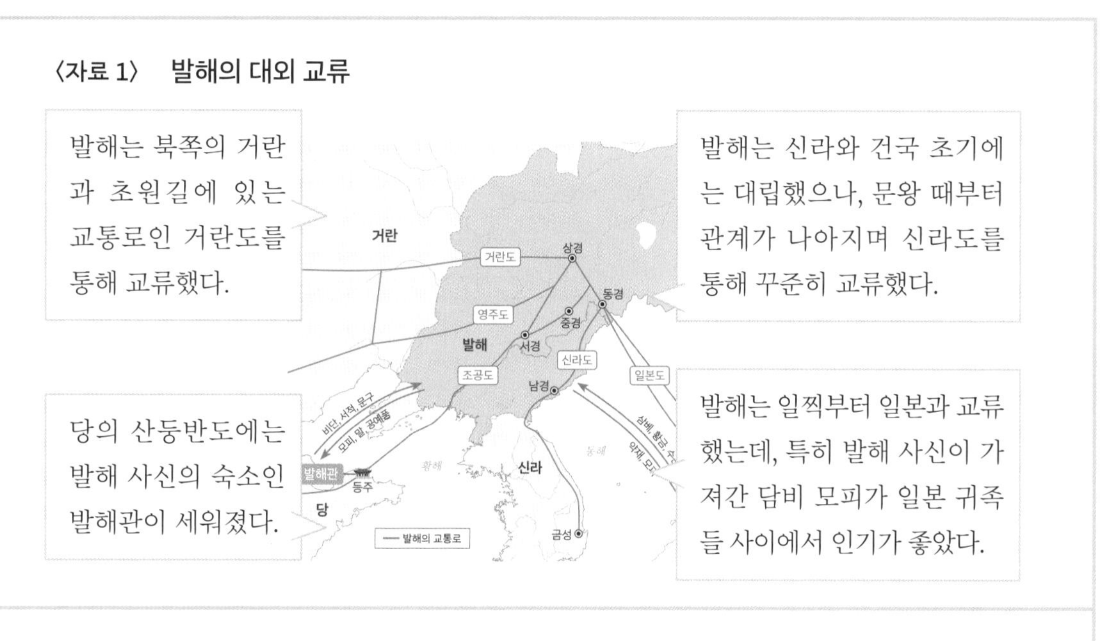

발해는 북쪽의 거란과 초원길에 있는 교통로인 거란도를 통해 교류했다.
발해는 신라와 건국 초기에는 대립했으나, 문왕 때부터 관계가 나아지며 신라도를 통해 꾸준히 교류했다.
당의 산둥반도에는 발해 사신의 숙소인 발해관이 세워졌다.
발해는 일찍부터 일본과 교류했는데, 특히 발해 사신이 가져간 담비 모피가 일본 귀족들 사이에서 인기가 좋았다.
거란
거란도
상경
동경
영주도
중경
발해
서경
신라도
일본도
조공도
남경
발해관
등주
당
신라
금성
황해
동해
발해의 교통로

〈자료 2〉 **발해 5도**

발해는 넓은 영토를 관리하고 주변 나라와 교류하기 위해 주요 도시인 5경과 주변 나라를 잇는 교통로를 만들었습니다. 이를 발해 5도라고 합니다. 발해는 발해 5도를 통해 북쪽의 거란, 서쪽의 당, 남쪽의 신라, 동쪽의 일본과 교류했습니다.

1 〈자료 1〉과 〈자료 2〉를 읽고, 다음 표의 ㉠~㉡에 알맞은 말을 찾아 쓰세요.

교류한 나라	북쪽의 거란	서쪽의 당	남쪽의 신라	동쪽의 일본
교통로	(㉠)	영주도 조공도	(㉡)	일본도

㉠ ( ) ㉡ ( )

2 발해는 여러 교통로를 통해 어떤 나라와 교류했는지 다음 핵심어를 모두 넣어 쓰세요.

핵심어 (발해 5도) (신라) (일본) (교류)

(쉬어 가기)

통일 신라의 귀족들은 어떻게 살았을까요?

통일 신라의 귀족들은 크고 화려한 집에서 많은 노비를 부리며 살았어요.
귀족들의 사치스러운 생활 때문에 사치품 금지령이 내려지기도 했어요.

크고 화려한 기와집에 살았어요.

통일 신라의 귀족들은 귀한 숯불로 밥을 짓고, 크고 화려한 기와집에서 살았어요. 신라의 도읍인 금성에는 금을 입힌 화려한 집인 금입택이 지어지기도 했어요. 성안에는 초가집이 하나도 없었고 집의 처마가 서로 닿아 담장이 이어져 있었으며, 노래와 피리 소리가 길에 가득 차서 밤낮으로 끊이지 않았다고 해요.

수많은 노비를 부리며 살았어요.

통일 신라 귀족은 수많은 노비를 부렸어요. 곡식을 남에게 빌려주고, 기간 안에 다 갚지 못하면 노비로 삼아 일을 시켰지요. 한 귀족이 부리는 노비의 수가 약 3,000명이 되는 경우도 있었어요. 노비뿐만 아니라 사병과 소, 말, 돼지의 수도 이에 맞먹었다고 해요.

외국의 물건들로 사치를 부렸어요.

통일 후 신라에는 외국에서 다양한 물건이 들어왔어요. 진골 귀족은 서역의 보석이나 고급 모직물과 향로 등을 사용했지요. 이에 흥덕왕은 진골 귀족의 사치가 사회 혼란을 일으킨다고 생각했어요. 그래서 분수에 넘치는 사치를 부리는 자에게 형벌을 내리겠다며 사치품 금지령을 내리기도 했어요.

놀이를 즐기며 여유로운 생활을 누렸어요.

왕과 귀족들은 함께 모여 술을 마시며 놀이를 즐기기도 했어요. 귀족들은 계절마다 다른 별장에서 놀기도 했어요. 특히 주령구라는 주사위를 굴리며 놀았는데, 주령구에는 '노래 없이 춤추기', '얼굴을 간지럽혀도 참기'와 같은 벌칙이 적혀 있었고 주령구를 굴려 나온 내용에 따라 벌칙을 받는 놀이를 즐겼다고 해요.

이어지는
3권에서
'고려'를 만나요!

역사 용어 찾아보기

10위 발해의 중앙군. 10개의 군부대로 운영되며 왕궁과 도읍의 경비를 담당함. 49쪽

10정 신라의 지방군. 주마다 1정씩 배치하고, 국경인 한주에만 2정을 배치함. 43쪽

3성 6부 발해의 중앙 정치 제도. 당의 제도를 본떴으나, 발해의 상황에 맞게 이름과 운영 방식을 바꿈. 49쪽

5경 15부 62주 발해의 지방 행정 제도. 5경을 중요 지역에 설치하고 15부로 지방을 나눔. 15부 밑에 62개 주를 둠. 49쪽

5소경 지방에 설치한 작은 서울. 도읍인 금성이 동남쪽에 치우친 것을 보완함. 43쪽

6두품 신라의 골품 중 진골 바로 밑의 계급. 두품 중에서는 가장 높은 등급이었지만 진골에 비해 높은 관직에 오를 수 없었음. 60쪽

9서당 신라의 중앙군. 도읍인 금성을 지키는 9개의 국왕 직속 부대. 43쪽

9주 신라의 최고 지방 행정 구역. 43쪽

거란인 5세기 중엽부터 내몽골 지역에 살던 민족. 당의 지배를 받음. 28쪽

계승 조상의 전통이나 문화유산, 업적 따위를 물려받아 이어 나감. 29쪽

고구려 주몽이 기원전 37년에 압록강 유역의 졸본에 도읍하여 세운 나라. 10쪽, 22쪽, 29쪽, 81쪽

고구려 부흥 운동 고구려 멸망 이후, 고구려를 다시 일으키고자 일어난 움직임. 22쪽

고구려 유민 망하여 없어진 고구려의 옛 백성. 당으로 끌려가 지배를 받기도 함. 28쪽

골품제 사람을 혈통에 따라 나눈 신라의 신분 제도. 태어나면서부터 신분이 나뉘었고 신분에 따른 차별이 있었음. 60쪽

관료전 통일 신라 때 왕이 관리에게 준 땅. 땅을 경작하는 농민에게 수확량의 일부를 거둘 수 있었음. 42쪽

국학 신라의 최고 교육 기관. 유학을 가르치고 인재를 기름. 75쪽

기벌포 전투 나당 전쟁의 주요 전투. 기벌포는 황해와 금강이 만나는 곳의 옛 이름임. 23쪽

김춘추 외교 능력이 뛰어났던 신라의 진골 귀족. 후에 신라 29대 왕인 태종 무열왕이 됨. 16쪽

김헌창 통일 신라의 진골 귀족. 아버지가 왕이 되지 못한 것에 불만을 품고 웅천주 지방에서 반란을 일으킴. 54쪽

나당 동맹 648년에 맺어진 신라와 당의 동맹(둘 이상의 나라가 힘을 합치기로 하는 것). 16쪽

나당 연합군 삼국 통일을 위해 전쟁을 벌이던 때 신라와 당이 힘을 합친 군대. 17쪽, 22쪽, 23쪽

녹읍 신라 때 왕이 관리에게 준 땅. 땅을 경작하는 농민의 노동력까지 이용할 수 있었음. 42쪽

농민 봉기 농민들이 떼 지어 곳곳에서 들고 일어나는 일. 55쪽

당 수를 이어 618년에 중국을 통일한 나라. 11쪽, 16쪽, 81쪽

대조영 고구려 유민을 이끌던 옛 고구려의 장수. 발해를 건국하고 발해의 첫 왕이 됨. 28쪽

독서삼품과 국학 학생을 대상으로 유교 경전의 이해 수준을 시험해 등급을 매긴 시험. 75쪽

말갈 고구려의 지배를 받던 민족. 고구려 유민과 함께 발해의 구성원을 이룸. 81쪽

말갈인 6세기경부터 만주 동북부 지역에 살던 민족. 여러 민족으로 나뉘어 있었으며 일부는 고구려의 지배를 받음. 29쪽

매소성 전투 나당 전쟁의 주요 전투. 매소성은 임진강 주변에 있던 성임. 23쪽

무왕 발해 2대 왕. 대조영을 이어 발해의 영토를 확장하고 당을 공격함. 48쪽

문무왕 신라 30대 왕. 고구려를 멸망시킨 뒤 당을 몰아내고 삼국을 통일함. 42쪽

문왕 발해 3대 왕. 당과 친선 관계를 맺고 당의 문물을 받아들였으며 통치 체제를 정비함. 48쪽

발해 고구려 장수 대조영이 고구려 유민과 말갈인을 이끌고 698년에 동모산에 도읍하여 세운 나라. 28쪽

발해관 당에 세워진 발해의 사신들이 머물던 숙소. 87쪽

백제 온조가 기원전 18년에 위례성에 도읍하여 세운 뒤 한강 유역을 중심으로 발전한 나라. 16쪽

백제 부흥 운동 백제 멸망 이후, 백제를 다시 일으키고자 일어난 움직임. 17쪽

불국사 경상북도 경주시 토함산 기슭에 있는 통일 신라의 절. 부처가 사는 세계를 표현함. 74쪽

빈공과 당에서 외국 학생들을 대상으로 실시한 시험. 75쪽

살수 대첩 고구려 장군 을지문덕이 살수에서 수의 군사를 크게 물리친 전투. 살수는 지금의 청천강임. 10쪽

삼국 통일 고구려, 백제, 신라로 나뉘어 있던 삼국을 신라가 하나로 합친 일. 23쪽

서역 중국의 서쪽에 있는 여러 나라를 통틀어 이르는 말. 86쪽

석굴암 경상북도 경주시 토함산 중턱에 있는 통일 신라의 동굴 모양 인공 석굴. 74쪽

석등 불을 밝히기 위해 돌로 네모지게 만든 등. 80쪽

선왕 발해 10대 왕. 발해의 혼란을 바로잡은 뒤 최대 영토를 확보하며 발해의 전성기를 이끎. 48쪽

선종 신라 말에 유행했던 불교 종파. 불교 경전 속 가르침이 아닌 개인의 수양과 깨달음을 강조함. 55쪽

수 오랜 기간 동안 나뉘어 있던 중국을 589년에 다시 통일한 나라. 10쪽

신문왕 신라 31대 왕. 통치 제도를 정비하고 왕권을 확립함. 42쪽

신라도 발해에서 신라로 가던 교통로. 발해의 5경인 동경에서 출발해 동해안을 따라 신라로 이어짐. 87쪽

신라방 당의 해안 지역에 세워진 신라인 마을. 86쪽

안시성 전투 고구려가 안시성에서 당의 군사를 물리친 전투. 안시성은 요동지역에 있는 산성이었음. 11쪽

연개소문 정변을 일으켜 영류왕을 죽이고 권력을 잡은 고구려의 장군. 나당 연합군의 공격을 막아 냄. 11쪽, 22쪽

온돌 우리나라의 전통적인 난방 장치. 한반도와 만주에서 발달함. 81쪽

울산항 신라의 도읍인 금성 근처 울산에 있던 국제 무역 항구. 서역 상인과도 교역함. 86쪽

원종·애노의 난 889년 사벌주에서 원종과 애노가 농민을 이끌고 일으킨 반란. 55쪽

원효 불교 대중화에 앞장선 신라의 승려. 74쪽

유학 중국 공자의 가르침을 바탕으로 삼는 학문. 인간의 도덕과 사회의 정의를 다룸. 75쪽, 80쪽

을지문덕 살수 대첩으로 수를 물리친 고구려의 장군. 10쪽

의상 화엄 사상으로 통일 직후 신라 사회를 통합하려 한 신라의 승려. 74쪽

의자왕 백제의 마지막 왕. 신라를 공격해 많은 성을 빼앗았으나, 결국 나당 연합군에 항복함. 17쪽

이불병좌상 두 부처가 나란히 앉아 있는 모습의 불상. 80쪽

일본도 발해에서 일본으로 가던 교통로. 발해의 5경인 동경에서 출발해 바다를 건너 일본으로 도착하는 길. 87쪽

장보고 통일 신라의 군인. 완도에 군사 기지 청해진을 세우고 힘을 키움. 왕위 다툼에 끼어들었다가 반란을 일으킴. 54쪽

정당성 발해의 중앙 정치 핵심 부서. 아래에 6부를 두어 행정을 총괄함. 49쪽

정변 무력 등의 수단으로 일어나는 정치상의 큰 변동. 11쪽

주자감 발해의 교육 기관. 왕족과 귀족에게 유학을 가르침. 80쪽

진골 신라의 신분 제도인 골품제 속 둘째 등급. 첫째 등급인 성골의 대가 끊기며 가장 높은 계급이 됨. 54쪽

집사부 신라 때, 왕의 명령을 집행하고 보고하며 중요한 비밀 업무 등을 맡은 부서. 43쪽

천리장성 당의 침입에 대비하기 위해 고구려가 약 1,000리에 걸쳐 국경 지역에 쌓은 성. 11쪽

청해진 장보고가 전라남도 완도에 세운 군사 기지. 해적을 없애고 해상 무역을 함. 86쪽

태종 무열왕 신라 29대 왕. 최초의 진골 출신 왕이며 나당 동맹을 맺고 백제를 멸망시킴. 42쪽

풍수지리설 산과 땅의 모양과 방향, 물의 흐름 등이 인간의 삶에 영향을 끼친다는 사상. 55쪽

해동성국 '바다 동쪽의 번성한 나라'라는 뜻으로, 당이 발해를 가리켜 부른 이름. 48쪽

혜공왕 신라 36대 왕. 어린 나이에 왕이 됐으나 반란으로 살해당함. 54쪽

호족 통일 신라 말 지방에서 경제력, 군사력 등을 바탕으로 성장한 독자적인 세력. 60쪽

황산벌 전투 황산벌에서 백제와 신라가 벌인 전투. 황산벌은 사비성으로 가는 길목이며 지금의 논산시 부근임. 17쪽

후고구려 궁예가 901년에 고구려 계승을 외치며 송악에 도읍하여 세운 나라. 61쪽

후백제 견훤이 900년에 옛 백제 지역인 완산주에 도읍하여 세운 나라. 61쪽

후삼국 시대 삼국을 통일했던 신라가 후백제와 후고구려로 나뉜 시대. 61쪽

자료 출처

3장
본책 76쪽 석굴암(국가유산청)
본책 78쪽 경주 불국사(국립문화유산연구원) / 경주 불국사 삼층 석탑(국가유산청) / 경주 불국사 다보탑(국가유산청)
본책 82쪽 발해 석등(한국학중앙연구원)
본책 84쪽 발해 수막새(국립중앙박물관) / 고구려 수막새(국립중앙박물관)
본책 90쪽 송림사 금동 사리장엄구와 유리그릇(국립중앙박물관)
본책 96쪽 원성왕릉 무인상(국가유산청) / 금동초심지가위(국립경주박물관)

- 본책에 수록된 일러스트 및 지도는 발행사에서 저작권을 가지고 있는 자료입니다.
- 본책에 수록된 사진 중 국가유산청, 국립경주박물관, 국립중앙박물관, 한국학중앙연구원 출처의 사진은 공공누리 제1유형으로 개방한 저작물입니다.

일러두기

- 본 교재에 있는 낱말 뜻풀이 일부는 국립국어원의 <표준국어대사전>과 <한국어기초사전>을 인용하였습니다.
- 맞춤법과 띄어쓰기는 국립국어원의 <표준국어대사전>을 기준으로 삼되, 초등학교와 중학교 교과서 표기를 참고했습니다.

01. 고구려가 수와 당의 침략을 물리쳤어요.

어휘

6세기 말에 중국을 통일한 수 가 고구려를 힘으로 내리누르려 했어요.

수와 고 구 려 는 서로 팽팽한 힘겨루기를 했어요.

그러던 중 **수**가 많은 군사를 이끌고 고구려를 침입했어요.

이에 맞서 고구려 장수 **을지문덕**이 살 수 대 첩 으로 수의 군대를 무찔렀어요.

수를 이은 당 의 침입에 대비하고자 고구려는 천 리 장 성 을 쌓았어요.

그러던 중 연 개 소 문 이 **정변**을 일으켜 권력을 잡았어요.

이를 구실로 **당**이 군사를 이끌고 고구려를 침입했어요.

이에 맞서 고구려군과 백성은 안 시 성 전 투 에서 승리해 당을 막아 냈어요.

독해

1. (1) ○ (2) ○ (3) ○ (4) ×

×표 답 풀이

(4) 당 태종은 안시성 전투에서 패한 뒤에도 여러 번 고구려를 침입했지만, 고구려는 이를 모두 막아 냈다.

2. (1) → (3) → (4) → (2)

정답 풀이

(1) 수의 문제가 고구려를 침략했다. → (3) 을지문덕이 살수 대첩으로 수를 물리쳤다. → (4) 연개소문이 정변을 일으켜 왕을 죽이고 권력을 잡았다. → (2) 고구려가 안시성 전투에서 당을 물리쳤다.

3. ⑤

오답 풀이

① 수는 고구려의 요동성을 무너뜨리지 못했으나, 당은 고구려의 요동성을 무너뜨렸다.

② 고구려가 살수 대첩으로 수를 물리쳤다.

③ 당은 연개소문의 정변을 구실로 고구려를 침입했다.

④ 고구려는 당의 공격에 대비하려고 천리장성을 쌓았다.

4. ④

정답 풀이

④ 고구려는 험한 산성인 안시성에서 당의 군대를 물리쳤다.

5.

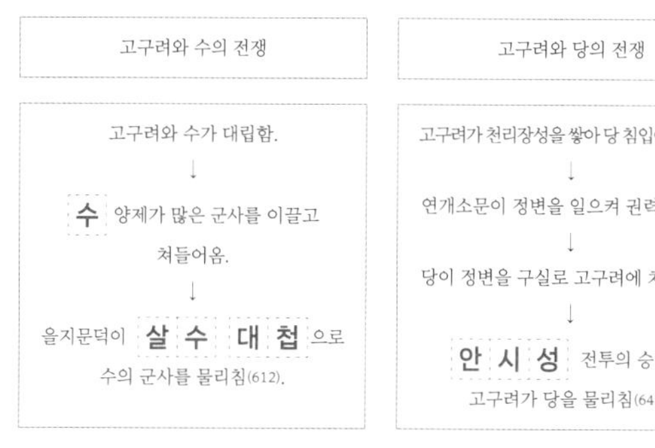

고구려와 수의 전쟁	고구려와 당의 전쟁
고구려와 수가 대립함. ↓ 수 양제가 많은 군사를 이끌고 쳐들어옴. ↓ 을지문덕이 살 수 대 첩 으로 수의 군사를 물리침(612).	고구려가 천리장성을 쌓아 당 침입에 대비함. ↓ 연개소문이 정변을 일으켜 권력을 잡음. ↓ 당이 정변을 구실로 고구려에 쳐들어옴. ↓ 안 시 성 전투의 승리로 고구려가 당을 물리침(645).

6. (1) ㉠ 살수 대첩
㉡ 안시성 전투

(2) 모범 답안

고구려는 **중국을 통일한 강대국 수, 당과 연거푸 큰 전쟁을 치르며 중국으로부터 한반도를** 지켜 냈습니다.

어휘

7세기 무렵 신라와 백제의 대립이 심해졌고, 신라는 **백 제**의 공격을 받아 위기에 빠졌어요.

이에 신라는 **김 춘 추**를 고구려에 보내 군사를 요청했지만, 고구려가 거절했어요.

그 뒤 김춘추가 **당**으로 가 동맹을 요청했고, 당이 이를 받아들였어요.

그 결과 신라와 당이 손잡고 **나 당 동 맹**을 맺었어요.

나 당 연 합 군은 백제가 지배층의 분열로 혼란해진 틈을 타 백제를 공격했어요.

백제는 **황 산 벌 전 투**에서 신라군에게 패했어요.

결국 백제의 **의 자 왕**이 항복하며 **백제**는 **멸망**했어요.

그 뒤 **백 제 부 흥 운 동**이 일어났지만 실패하고 말았어요.

독해

1. (1) ○ (2) × (3) × (4) ○

×표 답 풀이

(2) 신라의 김춘추가 당 태종에게 동맹을 맺자고 요청했고, 당 태종이 이를 받아들였다.

(3) 백제의 계백은 황산벌에서 김유신이 이끄는 신라군에게 패했다.

2. (4) → (2) → (3) → (1)

정답 풀이

(4) 백제의 공격을 받아 신라가 40여 개의 성을 빼앗겼다. → (2) 신라와 당이 동맹을 맺었다. → (3) 의자왕이 항복하며 백제가 멸망했다. → (1) 백제 부흥 운동이 일어났다.

3. ①

오답 풀이

② 신라는 백제에게 대야성을 빼앗겼다.

③ 백제와 왜의 연합군은 백강 전투에서 나당 연합군에 패했다.

④ 고구려의 보장왕은 김춘추의 부탁을 거절했다.

⑤ 신라의 김춘추가 당에게 동맹을 맺자고 요청했고, 고구려를 정벌하고 싶었던 당 태종이 이를 받아들였다.

4. ⑤

〈보기〉에서 ㉠은 백제, ㉡은 당이다.

정답 풀이

⑤ 백제는 황산벌 전투에서 신라에게 패했다.

5.

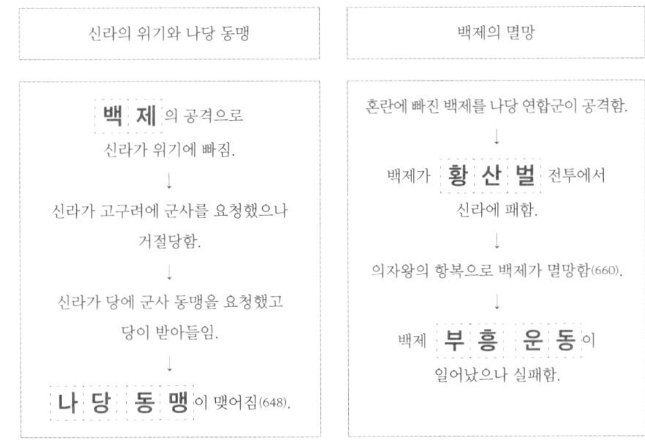

신라의 위기와 나당 동맹
백제의 멸망
백 제의 공격으로 신라가 위기에 빠짐.
↓
신라가 고구려에 군사를 요청했으나 거절당함.
↓
신라가 당에 군사 동맹을 요청했고 당이 받아들임.
↓
나 당 동 맹이 맺어짐(648).
혼란에 빠진 백제를 나당 연합군이 공격함.
↓
백제가 황 산 벌 전투에서 신라에 패함.
↓
의자왕의 항복으로 백제가 멸망함(660).
↓
백제 부 흥 운 동이 일어났으나 실패함.

6. (1)

(2) 모범 답안

의자왕은 적을 방어하기에 유리한 웅진성으로 피신하여 싸우려 했습니다. 하지만 **내분이 일어나 의자왕이 항복하면서 백제는 결국 멸망하고 말았습니다.**

어휘

백제를 멸망시킨 나 당 연 합 군 이 고구려를 공격했지만, 연개소문이 막아 냈어요.

그러나 연 개 소 문 이 죽으면서 고구려는 권력 다툼으로 혼란에 빠졌어요.

이 틈을 타 나당 연합군이 평양성을 무너뜨리면서 고 구 려 도 **멸망**했어요.

그 뒤 고 구 려 부 흥 운 동 이 일어났지만 실패하고 말았어요.

백제와 고구려가 멸망한 뒤 **당**은 신라마저 넘보며 한반도 전체를 지배하려고 했어요.

그러자 신라는 당을 몰아내려고 나 당 전 쟁 을 일으켰어요.

신라는 매 소 성 전 투 와 기 벌 포 전 투 에서 큰 승리를 거뒀어요.

이로써 **신라**는 당을 몰아내고 삼 국 통 일 을 이루었어요.

독해

1. (1) ○ (2) ○ (3) × (4) ○

×표 답 풀이

(3) 신라가 당을 몰아내기 위해 나당 전쟁을 일으켰다.

2. (4) → (2) → (3) → (1)

정답 풀이

(4) 연개소문이 죽으면서 고구려가 혼란에 빠졌다. → (2) 고구려 부흥 운동이 일어났다. → (3) 신라가 매소성에서 당군을 무찔렀다. → (1) 신라가 삼국을 통일했다.

3. ②

오답 풀이

① 고구려 왕족인 안승은 신라에 항복했다.

③ 당이 아니라 신라가 고구려 부흥 운동 세력을 도와주었다.

④ 연개소문의 맏아들은 당으로 넘어갔고, 연개소문의 동생은 신라로 넘어갔다.

⑤ 고구려는 권력 다툼이 벌어져 나당 연합군을 막아 내지 못하고 멸망했다.

4. ①

정답 풀이

① 약속을 지키지 않은 나라는 신라가 아니라 당이다.

5.

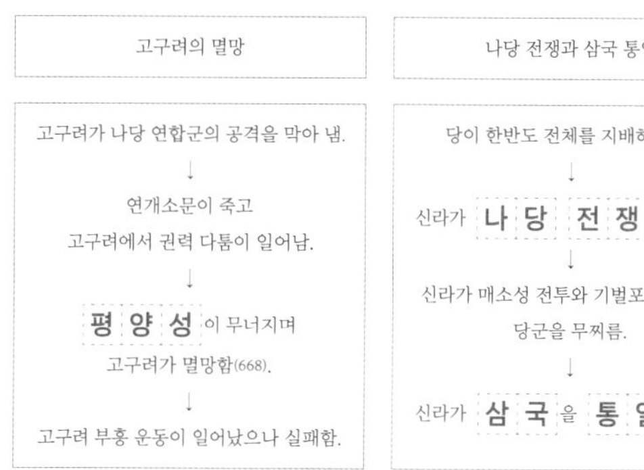

고구려의 멸망
고구려가 나당 연합군의 공격을 막아 냄.
연개소문이 죽고 고구려에서 권력 다툼이 일어남.
평 양 성 이 무너지며 고구려가 멸망함(668).
고구려 부흥 운동이 일어났으나 실패함.
나당 전쟁과 삼국 통일
당이 한반도 전체를 지배하려 함.
신라가 나 당 전 쟁 을 일으킴.
신라가 매소성 전투와 기벌포 전투에서 당군을 무찌름.
신라가 삼 국 을 통 일 함(676).

6. (1)

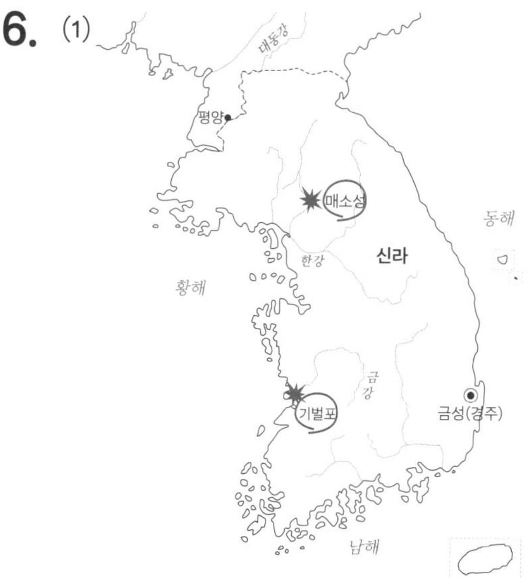

(2) 모범 답안

신라는 당에 맞서 싸우기 위해 **고구려 부흥 운동 세력을 도와주고, 백제 유민과도 힘을 합쳤습니다.**

어휘

고구려가 멸망한 뒤 많은 **고구려** **유 민** 이 당에 끌려갔어요.

그러던 중 함께 당의 지배를 받던 **거 란 인** 이 반란을 일으켜 당의 통제가 약해졌어요.

이 틈을 타 옛 고구려 장수였던 **대 조 영** 이 무리를 이끌고 당에서 탈출했어요.

이후 대조영은 쫓아오던 당군을 물리치고 동모산에 도읍하여 **발 해** 를 세웠어요.

발해는 **고구려 유민**이 중심이 되어 **말 갈 인** 과 함께 세운 나라였어요.

발해 지배층의 대부분은 **고 구 려** 출신이었어요.

발해의 왕도 고구려 **계 승** 을 내세웠어요.

이런 점들이 발해가 **고구려**를 **계승**했다는 것을 잘 보여 줘요.

독해

1. (1) ○ (2) × (3) ○ (4) ×

×표 답 풀이

(2) 거란인이 반란을 일으킨 틈을 타 대조영이 고구려 유민과 말갈인 등을 이끌고 당을 탈출하여 발해를 세웠다.

(4) 발해는 고구려의 문화를 계승하며 당과 말갈 등의 문화도 받아들여 발해만의 새로운 문화를 발전시켰다.

2. (4) → (3) → (1) → (2)

정답 풀이

(4) 고구려가 멸망하고 많은 고구려 유민이 당에 끌려갔다. → (3) 거란인이 반란을 일으켜 당의 통제가 약해졌다. → (1) 대조영이 무리를 이끌고 당을 탈출했다. → (2) 대조영이 동모산을 도읍으로 발해를 세웠다.

3. ③

정답 풀이

③ 발해의 지배층은 대부분 고구려 출신이었지만 말갈인도 있었다.

4. ①

정답 풀이

① 발해에는 고구려 유민과 말갈인, 그리고 다양한 민족이 살았다.

5.

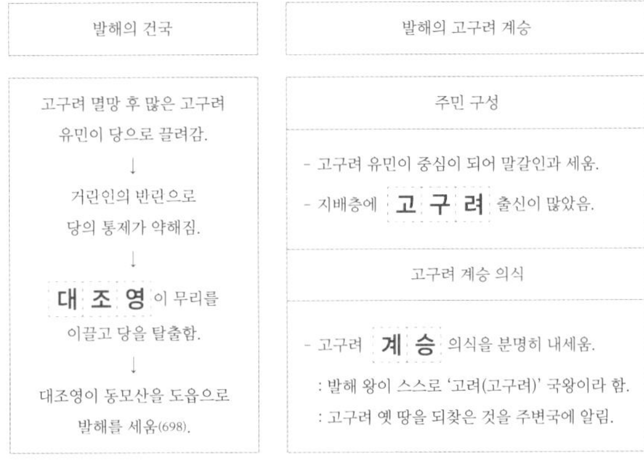

발해의 건국
고구려 멸망 후 많은 고구려 유민이 당으로 끌려감.
↓
거란인의 반란으로 당의 통제가 약해짐.
↓
대 조 영 이 무리를 이끌고 당을 탈출함.
↓
대조영이 동모산을 도읍으로 발해를 세움(698).
발해의 고구려 계승
주민 구성
- 고구려 유민이 중심이 되어 말갈인과 세움.
- 지배층에 고 구 려 출신이 많았음.
고구려 계승 의식
- 고구려 계 승 의식을 분명히 내세움.
: 발해 왕이 스스로 '고려(고구려)' 국왕이라 함.
: 고구려 옛 땅을 되찾은 것을 주변국에 알림.

6. (1)

(2) 모범 답안

발해가 세워지면서 한반도에는 두 개의 나라가 있게 되었습니다. 이렇게 **통일 신라와 발해가 함께한 시대를 남북국 시대**라고 합니다.

개념 정리

고구려와 수·당의 전쟁	① 살수 대첩 ② 안시성 전투 ③ 고구려
나당 동맹과 백제의 멸망	① 나당 동맹 ② 백제
신라의 삼국 통일	① 삼국 통일
발해의 건국	① 발해

탐구 독해

탐구 주제 1

1. ㉠ 살수 대첩
㉡ 당 태종
㉢ 고구려

2. 모범 답안
고구려는 중국을 통일한 강대국 수, 당과 연거푸 큰 전쟁을 치르며 중국으로부터 한반도를 지켜 냈습니다.

탐구 주제 2

1. ㉠ 신라
㉡ 당
㉢ 백제

2. 모범 답안
위기에 빠진 신라는 당에 동맹을 요청해 나당 동맹을 맺었습니다. 그리고 660년에 당과 연합해 백제를 멸망시켰습니다.

탐구 주제 3

1. ㉠ 김부식
㉡ 신채호

2. 모범 답안
신라의 삼국 통일로 삼국의 문화가 합쳐지며 새로운 문화가 발전했습니다. 하지만 신라의 삼국 통일에는 당을 끌어들이고 고구려 땅을 잃어버렸다는 한계도 있습니다.

탐구 주제 4

1. ㉠ 유민
㉡ 고구려
㉢ 일본

2. 모범 답안
발해는 고구려 유민이 중심이 되어 세워졌고, 지배층 대부분이 고구려 출신이었습니다. 발해의 주변국들도 발해가 고구려를 계승했다는 것을 알고 있었습니다.

01. 삼국을 통일한 신라가 왕권을 강화했어요.

어휘

신라는 삼국 통일 과정에서 **왕권**을 **강화**하려고 노력했어요.

진골 귀족 김춘추가 왕위에 올라 태종 무열왕이 되면서 왕권의 기반을 닦았어요.

그 뒤 문무왕은 삼국 통일을 달성하면서 왕권을 강화했어요.

신문왕은 관리에게 관료전을 주고 녹읍을 없애 강력한 왕권을 확립했어요.

통일 신라는 강화된 왕권을 바탕으로 **통치 제도**를 정비했어요.

중앙 정치는 집사부를 중심으로 운영했어요.

지방은 전국을 9주로 나누고 주요 지역에 5소경을 두었어요.

군사 제도는 중앙군에 9서당과 지방군에 10정을 두었어요.

독해

1. (1) × (2) × (3) ○ (4) ○

×표 답 풀이

(1) 태종 무열왕은 백제를 멸망시켰다. 문무왕이 삼국을 통일했다.

(2) 신문왕은 관료전을 나눠 주고 녹읍을 없앴다.

2. (1) - ㉢ (2) - ㉠ (3) - ㉡

정답 풀이

(1) 통일 신라의 군사 제도로는 9서당 10정(㉢)이 있었다.

(2) 통일 신라의 중앙 정치 제도로는 집사부(㉠)가 있었다.

(3) 통일 신라의 지방 행정 제도로는 9주 5소경(㉡)이 있었다.

3. ④

정답 풀이

④ 신문왕이 진골 귀족인 김흠돌의 난을 진압했다.

4. ⑤

정답 풀이

⑤ 각 주의 크기를 똑같이 만들었다는 내용은 없다. 한주처럼 넓은 땅도 있었다.

5.

통일 신라의 왕권 강화
진골 귀족 김춘추가 태종 무열왕이 됨. ↓ 문무왕이 삼국 통일로 왕권을 강화함. ↓ 신문왕이 관료전을 주고 녹읍을 없애는 등 왕권을 확립함.

통일 신라의 통치 제도	
중앙 정치	- 왕의 명령을 집행하는 집사부를 중심으로 운영됨.
지방 행정	- 전국을 9주로 나눔. - 중요 지역에 5소경을 둠.
군사	- 중앙군으로 9서당을 둠. - 지방군으로 10정을 둠.

6. (1)

(2) 모범 답안

5개의 소경은 **신라의 도읍인 금성이 동남쪽에 치우쳐 있는 것을 보완해 주었습니다.**

어휘

한반도 북쪽에서는 **발해**가 크게 발전하고 있었어요.

무 왕 은 북만주까지 영토를 크게 넓히면서 당과 대립했어요.

뒤를 이은 **문 왕** 은 당과 친선 관계를 맺고 당의 문물을 받아들였어요.

9세기 초 **선 왕** 은 발해의 전성기를 이끌었고 당은 발해를 '**해 동 성 국**'이라 불렀어요.

발해는 당의 제도를 본떠 중앙 정치 조직을 **3 성** **6 부** 로 꾸렸어요.

그러나 발해의 상황에 맞게 **정 당 성** 을 중심으로 운영했어요.

또한 발해는 넓은 영토를 잘 다스리려고 전국을 **5 경** **1 5 부** **6 2 주** 로 정비했어요.

그리고 중앙군으로 **1 0 위** 를 두어 왕궁과 도읍을 지키게 했어요.

독해

1. (1) ○ (2) × (3) × (4) ○

×표 답 풀이

(2) 발해 무왕이 당의 산둥반도를 공격했다. 발해 문왕은 당과 관계를 개선했다.

(3) 발해는 당의 3성 6부를 본뜨면서도, 발해의 상황에 맞게 이름과 운영 방식을 바꿨다.

2. (1) - ㉢ (2) - ㉠ (3) - ㉡

정답 풀이

(1) 발해의 군사 제도로는 중앙군 10위와 지방군(㉢)이 있었다.

(2) 발해의 중앙 정치 제도로는 3성 6부(㉠)가 있었다.

(3) 발해의 지방 행정 제도로는 5경 16부 62주(㉡)가 있었다.

3. ①

정답 풀이

① 문왕이 당의 제도를 받아들였다.

4. ②

정답 풀이

② 발해는 당의 3성 6부를 본뜨면서도, 발해의 상황에 맞춰 이름과 운영 방식을 바꿨다. 당의 3성 6부와는 다르게, 3성 가운데 정당성을 중심으로 운영했다.

5.

발해의 성장과 발전
무왕이 영토를 넓히며 당과 대립함.
문 왕 이 당과 친선 관계를 맺고 당의 제도를 받아들임.
선왕이 전성기를 이끌었고 당은 발해를 해 동 성 국 이라고 부름.
발해의 통치 제도
중앙 정치
- 정 당 성 을 중심으로 운영함.
- 6부가 행정 실무를 맡음.
지방 행정
- 전국을 5경 15부 62주로 편성함.
군사
- 중앙군 1 0 위 를 둠.

6. (1) ㉠ 요동
㉡ 연해주
㉢ 대동강 북쪽

(2) 모범 답안

당은 발해를 '바다 동쪽의 번성한 나라'라는 뜻에서 '해동성국'이라고 불렀습니다.

어휘

통일 신라는 진골 귀족의 반란으로 **혜 공 왕** 이 죽으면서 흔들리기 시작했어요.

이후 **진 골** 귀족 간의 왕위 다툼이 이어지며 정치적 혼란이 심해졌어요.

그러던 중 진골 귀족 **김 헌 창** 이 일으킨 반란에 여러 지방 세력이 함께했어요.

군사 기지인 청해진에서도 **장 보 고** 가 난을 일으켰어요.

신라 말, 정부의 과도한 세금에 참다 못해 **원 종 · 애 노 의 난** 이 일어났어요.

이를 시작으로 **농 민 봉 기** 가 전국으로 퍼지면서 온 나라가 혼란에 빠졌어요.

한편, 신라 말에는 내면의 깨달음을 강조하는 불교 종파인 **선 종** 이 유행했어요.

이와 더불어 **풍 수 지 리 설** 이 유행하여 지방의 중요성이 강조되었어요.

독해

1. (1) × (2) × (3) ○ (4) ○

×표 답 풀이

(1) 혜공왕이 죽은 뒤 왕위 다툼이 끊이지 않았다.

(2) 진골 귀족 김헌창은 웅천주에서 난을 일으켰다.

2. (4) → (1) → (2) → (3)

정답 풀이

(4) 혜공왕이 진골 귀족들의 세력 다툼 가운데 죽임을 당했다. → (1) 김헌창의 난이 일어났으나 실패했다. → (2) 장보고가 청해진에서 난을 일으켰다. → (3) 원종 · 애노가 사벌주에서 난을 일으켰다.

3. ⑤

정답 풀이

⑤ 신라 정부가 전국적으로 일어난 농민 봉기에 제대로 대처하지 못하면서 온 나라가 혼란에 빠졌다.

4. ③

정답 풀이

③ 혜공왕은 진골 귀족들의 세력 다툼 가운데 죽임을 당했다.

5.

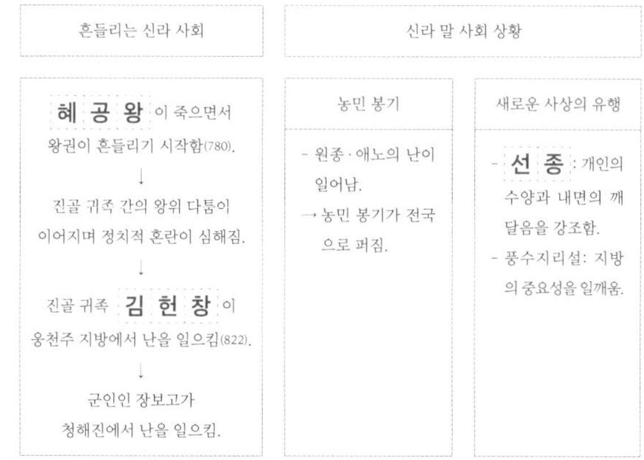

흔들리는 신라 사회	신라 말 사회 상황	
	농민 봉기	새로운 사상의 유행
혜 공 왕 이 죽으면서 왕권이 흔들리기 시작함(780). ↓ 진골 귀족 간의 왕위 다툼이 이어지며 정치적 혼란이 심해짐. ↓ 진골 귀족 **김 헌 창** 이 웅천주 지방에서 난을 일으킴(822). ↓ 군인인 장보고가 청해진에서 난을 일으킴.	- 원종 · 애노의 난이 일어남. → 농민 봉기가 전국으로 퍼짐.	- **선 종** : 개인의 수양과 내면의 깨달음을 강조함. - 풍수지리설: 지방의 중요성을 일깨움.

6. (1)

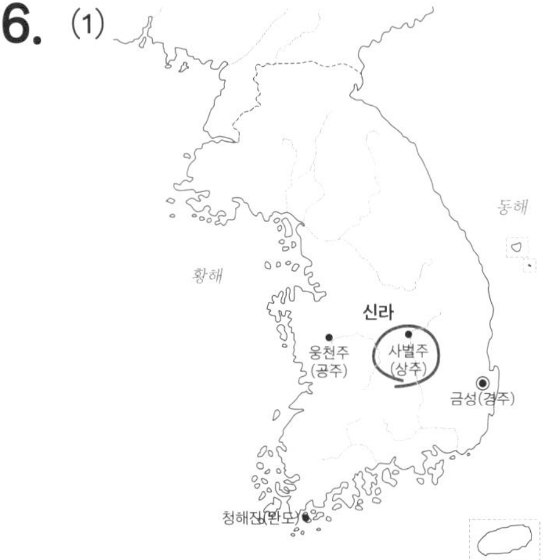

(2) 모범 답안

신라 정부가 전국적으로 일어난 **농민 봉기에 제대로 대처하지 못하면서 온 나라가 혼란에 빠졌습니다.**

어휘

신라 말 중앙 정부의 통제가 약해지며 **새로운 세력**이 등장했어요.

지방에서는 독자적인 세력을 키운 호 족 이 성장했어요.

한편 **6두품** 세력은 골 품 제 를 비판하며 개혁을 주장했어요.

6 두 품 세력 일부는 호족과 손을 잡고 새로운 사회를 만들고자 했어요.

호족 가운데 새로운 나라를 세운 사람들이 나타났어요.

먼저 견훤이 완산주에 도읍하여 후 백 제 를 세웠어요.

다음으로 궁예가 송악에 도읍하여 후 고 구 려 를 세웠어요.

이로써 통일 신라가 다시 삼국으로 나뉜 후 삼 국 시대가 시작됐어요.

독해

1. (1) ○ (2) × (3) ○ (4) ○

×표 답 풀이

(2) 진골 귀족의 반대로 6두품이 주장한 개혁은 이루어지지 않았다.

2. (1) - ㉡ (2) - ㉢ (3) - ㉠

정답 풀이

(1) 후백제를 세운 견훤은 백제 부흥을 내세웠다(㉡).

(2) 후고구려를 세운 궁예는 고구려의 원수를 갚겠다고 외쳤다(㉢).

(3) 최치원은 여러 개혁을 주장했다(㉠).

3. ②

정답 풀이

② 호족 중에는 지역에서 대대로 힘을 가지고 있던 토착 세력인 촌주 출신이 많았다.

4. ⑤

오답 풀이

① 6두품은 당의 과거 시험인 빈공과에 합격하고 당의 관리가 될 수 있었다는 것을 〈보기〉의 최치원과 최승우의 사례를 통해 알 수 있다.

② 6두품 최승우는 후백제를 위해 일했다.

③ 6두품이 주장한 개혁은 진골 귀족의 반대로 이루어지지 않았다.

④ 6두품 최치원이 건의한 개혁은 받아들여지지 않았다.

5.

신라 말 새로운 세력의 성장
후삼국 시대의 성립
호족의 성장
- 신라 정부의 통제가 약해짐.
→ 지방에서 세력을 키운 호 족 이 성장함.
6두품의 개혁 주장
- 혈통 중심의 골 품 제 를 비판함.
→ 호족과 손잡고 새로운 나라를 만들려 함.
견훤이 완산주를 도읍으로 후 백 제 를 세움(900).
궁예가 송악을 도읍으로 후고구려를 세움(901).
신라가 삼국으로 나뉘며 후 삼 국 시대가 시작됨.

6. (1)

(2) 모범 답안

한반도가 다시 **삼국으로 나뉘며 후삼국** 시대가 시작됐습니다.

개념 정리

통일 신라의 발전	① 관료전	발해의 발전	① 발해
통일 신라의 체제 정비	① 집사부 ② 9주	발해의 체제 정비	① 3성 6부 ② 10위
흔들리는 신라	① 호족	후삼국 시대	① 후백제 ② 후삼국 시대

탐구 독해

탐구 주제 1

1. ㉠ 통치 제도
㉡ 고구려인
㉢ 9주
㉣ 백제

2. 모범 답안
삼국을 통일한 신라는 통치 제도를 정비하며 옛 백제와 고구려의 백성들을 아우르려고 했습니다.

탐구 주제 2

1. ㉠ 정당성
㉡ 6부

2. 모범 답안
발해는 당의 3성 6부를 본뜨면서도, 발해의 상황에 맞춰 이름과 운영 방식을 바꿨습니다.

탐구 주제 3

1. ㉠ 자연재해
㉡ 세금
㉢ 원종과 애노

2. 모범 답안
원종 · 애노의 난이 일어난 뒤 온 나라에서 농민 봉기가 이어졌습니다. 하지만 신라 정부가 전국적으로 일어난 농민 봉기에 제대로 대처하지 못하면서 온 나라가 혼란에 빠졌습니다.

탐구 주제 4

1. ㉠ 수탈
㉡ 지방
㉢ 골품제

2. 모범 답안
혼란해진 신라 땅에 후백제와 후고구려가 세워지면서 한반도가 다시 삼국으로 나뉘며 후삼국 시대가 시작됐습니다.

어휘

삼국 통일 이후 신라에서는 **불교 사상**이 크게 발달했어요.

원 효는 불교를 대중화시키고, **의 상**은 불교로 신라 사회를 통합하려 했어요.

더불어 다양한 **불교 예술**도 발달했어요.

통일 신라의 대표적 불교 건축물로는 **불 국 사**와 **석 굴 암**이 있어요.

통일 신라는 **유학**을 정치 이념으로 삼았어요.

그러면서 교육 기관인 **국 학**에서 유학을 가르쳤어요.

그리고 국학 학생을 대상으로 **독 서 삼 품 과**를 시행했어요.

통일 신라는 학문의 수준이 높아 당의 **빈 공 과**에 합격한 신라인도 많았어요.

독해

1. (1) ○ (2) × (3) × (4) ○

×표 답 풀이

(2) 신문왕은 유학 교육 기관인 국학을 만들었다.

(3) 불국사는 부처의 가르침과 불교의 이상 세계를 표현한 절이다. 사람이 돌을 다듬어 만든 인공 석굴 사원은 석굴암이다.

2. (1) - ㉣ (2) - ㉠ (3) - ㉢ (4) - ㉡

정답 풀이

(1) 설총은 이두를 정리해 유교 경전을 우리말로 풀이했다(㉣).

(2) 원효는 불교 갈래를 아우르고자 노력했다(㉠).

(3) 의상은 화엄 사상으로 신라 사회를 통합하려 했다(㉢).

(4) 최치원은 빈공과에 합격하고 당에서 벼슬을 했다(㉡).

3. ②

오답 풀이

① 원성왕이 독서삼품과를 시행했다.

③ 신문왕이 유학 교육 기관인 국학을 만들었다.

④ 6두품인 강수는 외교 문서를 잘 썼다. 강수가 빈공과에 합격했다는 내용은 나와 있지 않다.

⑤ 진골 귀족인 김대문이 화랑들의 활약을 모아 『화랑세기』를 지었다.

4. ②

정답 풀이

② 경주 불국사 삼층 석탑 안에서 『무구정광대다라니경』이 발견됐다.

5.

통일 신라의 불교		통일 신라의 **유 학**
불교 사상	- **원 효**: 일반 백성에게도 불교가 널리 퍼지게 함. - 의상: 혼란했던 신라 사회를 화엄 사상으로 통합하려 함.	- 유학 교육 기관인 국학을 세움. - 국학 학생을 대상으로 **독 서 삼 품 과**를 시행함. - 뛰어난 학자들이 활약함. : 강수, 설총, 김대문 등 : 최치원은 당의 빈공과에 합격함.
불교 예술	- 절: 불국사, 석굴암 - 탑: 3층으로 쌓은 석탑이 유행함. - 종: 상원사 동종, 성덕 대왕 신종 - 책: 『무구정광대다라니경』	

6. (1) 나무아미타불

(2) 모범 답안

원효가 아미타 신앙을 전하면서 귀족뿐만 아니라 **일반 백성에게도 불교가 널리 퍼지게 됐습니다.**

어휘

발해에서도 **유학**과 **불교**가 발달했어요.

교육 기관인 주 자 감 에서는 왕족과 귀족에게 유학을 가르쳤어요.

발해는 **고구려** 불교문화의 영향을 크게 받았어요.

이 불 병 좌 상 과 석 등 을 통해 발해의 불교문화를 엿볼 수 있어요.

발해는 여러 문화를 **융합**해 독자적인 문화를 이루었어요.

발해의 **온돌**에서 고 구 려 문화의 흔적을 엿볼 수 있어요.

영광탑에서 발해가 당 문화를 받아들였음을 알 수 있어요.

발해 백성이 사용한 말갈식 토기에서 발해가 말 갈 문화를 받아들였음을 알 수 있어요.

독해

1. (1) × (2) ○ (3) × (4) ○

×표 답 풀이

(1) 발해의 주자감에서는 유학을 가르쳤다.

(3) 발해의 유적에서 발견된 온돌은 고구려의 온돌과 매우 비슷하다.

2. (1) - ㉢ (2) - ㉡ (3) - ㉠

정답 풀이

(1) 영광탑과 삼채 향로(㉢)는 당 문화의 영향을 받은 것이다.

(2) 흙무덤과 토기(㉡)는 말갈 문화의 영향을 받은 것이다.

(3) 온돌과 수막새(㉠)는 고구려 문화의 영향을 받은 것이다.

3. ③

정답 풀이

③ 발해는 당의 국자감을 본뜬 주자감을 만들어 왕족과 귀족에게 유학을 가르쳤다.

4. ⑤

오답 풀이

① 말갈식 토기를 통해 발해가 말갈 문화를 받아들였음을 알 수 있다.

② 발해의 기와에서 고구려 문화를 엿볼 수 있다.

③ 발해의 삼채는 당의 기법을 받아들인 것이다.

④ 발해의 유물에서는 고구려, 당, 말갈 문화의 특징을 모두 발견할 수 있다.

5.

발해의 유학과 불교	
유학	- 유학을 통치 이념에 반영함. - 교육 기관인 주 자 감 에서 유학을 가르침.
불교	- 왕실과 귀족을 중심으로 널리 유행함. - 고 구 려 문화의 영향을 많이 받음.

융합적인 발해 문화	
고구려 문화의 영향	- 온돌과 수막새 - 정혜 공주 무덤
당 문화의 영향	- 벽돌로 만들어진 영광탑 - 삼채 향로
말갈 문화의 영향	- 말갈 전통 양식의 흙무덤 - 말갈식 토 기

6. (1) 연꽃무늬

(2) 모범 답안

발해의 불교문화는 **고구려 문화의 영향을 많이 받았음을 알 수 있습니다.**

03. 통일 신라와 발해는 당, 일본, 서역 등과 교류했어요.

어휘

통일 신라는 여러 나라와 활발하게 **교류**했어요.

신라인이 당으로 많이 건너가면서 **당**에 신라인 마을인 신 라 방 이 생겼어요.

또한 완도에 세워진 청 해 진 에서는 해적을 없애고 해상 무역을 했어요.

더불어 국제 무역항인 울 산 항 에서는 **서역** 상인과도 교역했어요.

발해는 여러 교통로를 이용해 주변 나라와 **교류**했어요.

당과의 교류가 활발해지며 당에 발해 사신이 머무는 발 해 관 이 만들어졌어요.

신라와는 육상 교통로인 신 라 도 를 통해 교류했어요.

일본과는 해상 교통로인 일 본 도 를 통해 교류했어요.

독해

1. (1) ○ (2) × (3) × (4) ○

×표 답 풀이

(2) 신라의 도읍인 금성과 가까운 울산항과, 서해안의 당항성이 국제 무역 항구로 번성했다.

(3) 당에 발해 사신이 머무는 숙소인 발해관이 세워졌다.

2. (1) - ㉠ (2) - ㉢ (3) - ㉣ (4) - ㉡

정답 풀이

(1) 발해와 당의 교류가 활발해지면서 당에 발해 사신이 머무는 숙소인 발해관이 세워졌다(㉠).

(2) 신라와 당의 교류가 활발해지면서 당의 해안 지역 여러 곳에 신라인 마을인 신라방이 세워졌다(㉢).

(3) 대외 교류가 활발해지면서 신라의 도읍인 금성과 가까운 울산항이 국제 무역 항구로 번성했다(㉣).

(4) 장보고는 완도에 군사 기지인 청해진을 만들어 해적을 없애고 당과 신라, 일본을 연결하는 해상 무역을 이끌었다(㉡).

3. ③

정답 풀이

③ 신라는 당과 일본 사이에서 중계 무역을 했다.

4. ⑤

정답 풀이

⑤ 발해와 당의 교류가 활발하여 당에 발해 사신이 머무는 숙소인 발해관이 세워졌다.

5.

통일 신라의 대외 교류	
당	당에 신라인 마을인 신 라 방 이 생김.
일본	장보고가 완도에 청 해 진 을 만들어 해상 무역을 함.
서역	울산항, 당항성이 국제 무역 항구로 번성함.

발해의 대외 교류	
당	당에 발해 사신이 머무는 숙소인 발 해 관 이 세워짐.
신라	육상 교통로인 신 라 도 를 통해 교류함.
일본	해상 교통로인 일본도를 통해 교류함.

6. (1) ㉠ 신라도

(2) 모범 답안

발해와 신라는 **신라도를 통해 꾸준히 교류했습니다.**

개념 정리

통일 신라의 문화 ① 원효 ② 불국사 ③ 국학
발해의 문화 ① 주자감 ② 고구려

통일 신라의 대외 교류 ① 신라방 ② 청해진
발해의 대외 교류 ① 발해관 ② 신라도

탐구 독해

탐구 주제 1

1. ㉠ 불교
㉡ 나무아미타불
㉢ 통합

2. 모범 답안
원효는 화쟁 사상을 통해 여러 갈래로 나뉘어 대립하던 불교 종파를 아우르고자 했습니다.
의상은 화엄 사상을 통해 신라 사회를 화해와 통합으로 나아가게 하려 했습니다.

탐구 주제 2

1. ㉠ 당
㉡ 고구려
㉢ 탑

2. 모범 답안
발해는 고구려, 당, 말갈의 문화를 받아들이고 융합해 독자적인 문화를 만들어 냈습니다.

탐구 주제 3

1. ㉠ 신라방
㉡ 청해진
㉢ 서역

2. 모범 답안
장보고는 완도에 군사 기지인 청해진을 만들어 해적을 없애고, 당, 신라, 일본을 연결하는 해상 무역을 이끌었습니다.

탐구 주제 4

1. ㉠ 거란도
㉡ 신라도

2. 모범 답안
발해는 발해 5도를 통해 북쪽의 거란, 서쪽의 당, 남쪽의 신라, 동쪽의 일본과 교류했습니다.